RELATION PRUSSIENNE

DE

LA BATAILLE DE LEIPZIG.

Imp. de Moquet et comp., 90, rue de la Harpe.

RELATION

DE LA

BATAILLE DE LEIPZIG.

(16, 17, 18 ET 19 OCTOBRE 1813).

PAR

LE COLONEL PRUSSIEN CHARLES DE PLOTHO ;

TRADUITE DE L'ALLEMAND

PAR M. PHILIPPE HIMLY,

SUIVIE

De la relation autrichienne de l'affaire de Lindenau, du combat de Hanau et accompagnée de notes d'un officier-général français, témoin oculaire.

PARIS,

J. CORRÉARD, ÉDITEUR D'OUVRAGES MILITAIRES,

RUE DE TOURNON, 20.

—

1840.

AVERTISSEMENT DE L'ÉDITEUR.

La bataille de Leipzig a été une des affaires les plus importantes et les plus décisives des guerres de l'empire. Napoléon avait devant lui les forces réunies de presque toute l'Europe ; son armée ne montait pas, pour le nombre, à la moitié de celle des alliés.

Au lieu de se retirer près du Rhin et de s'appuyer sur les places fortes de ses frontières, il s'obstina à rester sans appui dans la Saxe, et osa livrer bataille avec moins de 150,000 hommes à une armée d'environ 300,000.

La lutte fut acharnée, le sort de la bataille se montra plusieurs fois incertain. Il est même probable que la victoire se serait déclarée pour les Français, si les Saxons et les Wurtembergeois étaient restés fidèles à leurs engagements et n'avaient pas tourné leurs feux contre les Français pour se joindre aux alliés.

La seule grande faute commise par l'empereur Napoléon dans ces circonstances fut d'être resté dans la Saxe qu'il ne pouvait plus défendre, et d'avoir consenti à livrer bataille dans une plaine ouverte, où l'ennemi par sa grande supériorité numérique pouvait l'envelopper. Mais dans les manœuvres de détail, Napoléon se montra admirable suivant l'aveu même de ses ennemis. La défection seule fut la cause des funestes résultats de cette grande bataille qui détruisit l'influence de la France sur l'Allemagne et fit disparaître la confédération du Rhin.

RELATION

DE LA

BATAILLE DE LEIPZIG,

(16, 17, 18 ET 19 OCTOBRE 1813.)

Quels riches matériaux ces journées mémorables n'offrent-elles pas aux études militaires! Elles ne complètent pas seulement l'histoire des guerres, elles sont encore une belle page à ajouter aux annales de l'humanité. La plus grande partie de l'Europe a en effet marché à ce sanglant combat; des armées immenses, et telles qu'on n'en avait jamais vues auparavant, se sont heurtées dans ce choc épouvantable. Ici brillent des exemples de la plus grande valeur et du plus ardent patriotisme; là on est forcé d'admirer les efforts inouïs de grandes nations et le généreux dévouement de nobles princes pour soutenir les droits de l'humanité et assurer le bonheur de leurs sujets. Quelle plume assez éloquente pourra nous retracer d'aussi belles actions! Puisse bientôt un digne fils de l'Allemagne, inspiré comme le fut Schiller dans le récit de la guerre de 30 ans, peindre celle de l'indépendance, et nous décrire la bataille de Leipzig avec les couleurs du grand maître!

Les corps de troupes des armées alliées arrivent et forment un grand demi-cercle autour du point de réunion de l'ennemi.

Le champ de bataille était incontestablement mal choisi et ne pouvait donner la victoire à l'armée française. La ville de Leipzig est presque entièrement située dans un marais et dans la partie la plus basse de la contrée. Toutes les pentes de l'Erzgebirg depuis Altenbourg et Grimma viennent s'aplanir près de Leipzig; il en est de même des pentes de Wurzen et de Düben jusqu'aux bords de la Mulde. Vers l'ouest et le nord-ouest la Pleisse et la Partha se réunissent sous les murs de Leipzig, et entre la Pleisse et l'Elster de vastes marais et des prés s'étendent jusqu'à Mersebourg près la Saale. Le côté de l'est, celui du nord s'élèvent insensiblement jusqu'à Probstheyda, Liebertwolkwitz, Holzhausen, Wiederitsch, Lindenthal et Breitenfeld. Le côté sud seul se trouve, jusqu'à Connewitz, Dohlitz, Losnig et Marck-Kleeberg, à peu près à la même hauteur que la ville.

L'empereur Napoléon tentait l'impossible : il voulait battre en bataille rangée les armées alliées qui lui étaient infiniment supérieures en nombre et qui l'entouraient. Il pensait encore à pousser sur Berlin, à marcher sur la Bohême et à poursuivre le plan d'attaque qu'il avait conçu dès l'ouverture de la campagne. Telles semblaient être du moins ses intentions, car il ne paraissait nullement douter de la victoire : il ne s'était occupé ni de ses moyens de retraite, ni des ponts, ni des rivières qu'il laissait derrière lui ; c'est aussi contrairement à toutes les règles de la guerre, qu'il se porta sur les pentes des montagnes ayant sur ses derrières trois rivières (l'Elster, la Pleisse et la Luppe) avec leurs bords marécageux, et la ville de Leipzig avec ses rues étroites! Il ne lui était donné aucune autre ligne de retraite.

Armée principale de Bohême.

Le feld-maréchal prince Schwartzenberg ordonna pour l'attaque les dispositions suivantes :

« D'après ce qui a été convenu, l'armée du général Blücher partira à 7 heures de Skeudiz pour marcher sur Leipzig.

« Le troisième corps, général Gyulay, se réunira à 6 heures à la première division légère du prince Maurice de Lichtenstein et au général Thielmann près de Marck-Ranstadt, et la colonne du général Saint-Priest de l'armée de Blücher, se dirigeant probablement par la même route, reçoit ordre de se réunir dans le même but au troisième corps. Mais dans tous les cas le général Gyulay, quittant Ranstadt à 7 heures, devra attaquer l'ennemi qui est devant lui et marcher sur Leipzig. La destination particulière de cette colonne est de maintenir la communication entre l'armée principale et l'armée de Blücher, de faciliter par son attaque partielle de Leipzig, celles des autres colonnes.

Par conséquent, en sortant de Lindenau, elle devra, dès que la chose sera praticable, tourner à droite pour appuyer l'attaque de la colonne Meerfeld sur Connewitz. Dans le cas où celle du général Gyulay serait repoussée par des forces supérieures, elle se retirerait à Molsen, et de là à Zeitz, et si elle était obligée d'évacuer Molsen, les deux bataillons qui sont à Weissenfels, les deux qui sont à Naumbourg en seraient prévenus, afin qu'ils pussent également se porter sur Zeitz.

« Le deuxième corps, général Meerfeld, se formera à 6 heures en colonnes d'attaque à Zwenkau ; une batterie de 12 sera à sa suite. Immédiatement après ce corps, marcheront les divisions Nostiz et Bianchy, l'artillerie de réserve et enfin la division Weissenwolf. A 7 heures, cette colonne partira sous le commandement du prince de Hesse-Hombourg et se portera sur Connewitz, s'emparera du pont, de la ville, et, après une entière réussite, marchera en masses par bataillons, de manière à ce que le corps de Meerfeld forme la première ligne, la division Bianchy la seconde et la division Weissenwolf la troisième.

« Pendant la marche de la colonne, la cavalerie du général Nostiz a ordre de se tenir autant que possible sur la droite, et Connewitz pris, ce général devra faire tous ses efforts pour atteindre l'aile droite du corps de Meerfeld, et ensuite il marchera en colonnes serrées à demi-distance de la largeur de demi-divisions formées en échiquier.

« Pour soutenir l'attaque sur Connewitz, les deux bataillons de la division Bianchy quitteront Wiedrau à 7 heures du matin, avec leur cavalerie, et se porteront sur Knautheim et sur Klein-Zsocher; de là, en prenant à droite par le bois, ils se dirigeront par la route de Zwenkau sur Leipzig. Si, à leur arrivée, Connewitz se trouve encore occupé par l'ennemi, ils devront l'attaquer par derrière.

« Le général Meerfeld recevra la moitié d'une compagnie de pionniers pour mettre en état le pont de Connewitz.

« Toutes les réserves d'infanterie et de cavalerie russe, ainsi que les gardes russe et prussienne déboucheront à 4 heures de leurs positions respectives et marcheront par Pulger sur Rotha. Là, passant la Pleisse, et se formant en colonnes sur la rive droite, elles deviennent en même temps les réserves du général Wittgenstein et du prince de Hesse-Hombourg. La cavalerie de ce corps se placera en masses, en échiquier, sur l'aile droite de l'infanterie, et le général en chef Barklay prendra le commandement de toutes les colonnes sur la rive droite de la Pleisse.

« A 7 heures précises, le général Wittgenstein attaquant avec son corps et ceux de Klenau et de Kleist, l'ennemi qui lui fait face, devra le rejeter sur Leipzig. Il aura principalement pour réserve à son aile droite le corps des grenadiers et la division de cuirassiers russes, qui cependant ne devront donner qu'à toute extrémité.

« Pendant l'attaque, il est expressément recommandé à l'infanterie et à la cavalerie de se tenir en masses par bataillon et par régiment en échiquier. L'artillerie devra marcher également en échiquier en avant et en arrière.

« En cas de retraite :

« La colonne du prince de Hesse-Hombourg se dirigera sur Zeitz par Pegau

« La colonne de la réserve russe se dirigera, suivant les circonstances, soit sur Zeitz, soit sur Altenbourg.

« Le premier corps du comte Colloredo poussera en avant de Borna aussi loin que possible, sur la route de Leipzig, il formera la réserve du général Klenau, et son point de retraite sera Chemnitz.

« L'armée du général Benningsen arrivera à Colditz et se portera jusqu'à Grimma et Würzen.

« Deux bataillons de la garde russe resteront à Pegau et garderont le pont sur l'Elster.

« La réserve de l'artillerie autrichienne restera jusqu'à nouvel ordre à Pegau.

« Tous les équipages, sans exception, retourneront à Zeitz, et se placeront derrière sur la route de Gera.

« Il est défendu qu'aucune voiture ne stationne près des colonnes.

« Dès le commencement de l'affaire, je me tiendrai en personne à la tête de la colonne du prince de Hesse-Hombourg, et me rendrai plus tard près les corps de réserve russes.

« Le point de ralliement pour l'aile gauche est Zwenkau. Pendant la bataille, les commandants des corps d'armée, sans exception, m'enverront leur rapport d'heure en heure.

« Quartier-général de Pegau, le 14 octobre 1813.

Signé : SCHWARTZENBERG. »

Après ces dispositions, le prince de Schwartzenberg adressa à son armée l'ordre du jour suivant :

« Braves soldats !

« Nous touchons à l'époque la plus importante de la guerre sacrée ; l'heure décisive va sonner, préparez-vous au combat. Le lien qui unit pour un même but de puissantes nations, se resserrera encore davantage sur le champ de bataille. Russes ! Prussiens ! Autrichiens ! vous combattez tous pour la même cause, pour l'indépendance de votre patrie, pour l'immortalité de vos noms !

« Tous pour chacun, chacun pour tous ! C'est avec ce cri mâle et sublime qu'il faut ouvrir la lutte sacrée ; restez fidèles à cette devise et la victoire est à vous.

« *Signé* : le feld-maréchal Charles

PRINCE DE SCHWARTZENBERG. »

L'armée principale de Bohême, prête à combattre dès le matin, était répartie comme il suit :

A Naumbourg : le major Gutterbourg avec cinq compagnies du régiment archiduc Louis, et avec un détachement de cavalerie.

A Weissenfels et à Kosen ainsi que dans les environs de la Saale, la division Murray du troisième corps autrichien.

Le troisième corps autrichien (Gyulay) la première division légère autrichienne (prince Lichtenstein) et le corps du général Thielmann sur la rive gauche de l'Elster près Klein-Zoscher.

Le deuxième corps autrichien (Meerfeldt) sur la rive gauche de la Pleisse près Zwenkau.

La réserve autrichienne (prince de Hesse-Hombourg) entre la Pleisse et l'Elster près Zobiger et Predel.

Rive gauche de l'Elster : commandant en chef, le général d'infanterie Barklay de Tolly.

1º Première ligne.—Le général comte de Wittgenstein.

L'aile gauche sous les ordres du gén. Kleist près de Grobern.

La 12e brigade prussienne (prince Auguste).

La 14e division d'infanterie russe (Helfreich).

La brigade du général Lewaschef de la 3e division de cuirassiers et le régim. de hussards (Lubny).

Le centre, sous les ordres du prince de Wurtemberg à Gossa et à Stormthal.

Le 2e corps d'infanterie russe (prince de Wurtemberg) près Gossa.

La 9e brigade prussienne (Klüx) comme seconde ligne.

Le général Pahlen avec la cavalerie.

La 5e div. d'infanterie russe (prince Gotschakow) à Stormthal.

La 10e brigade prussienne (Pirch) comme seconde ligne.

Le 4e corps autrichien (Klenau) à Gross-Posna.

La 11e brigade prussienne (Ziethen) comme seconde ligne.

La cavalerie [de [réserve] prussienne (Roder).

Le corps de cosaques (Platow) près Sieffartshayn.

2º Deuxième ligne commandée par le gén. comte Rajewsky.

Le corps de grenadiers (Rajewsky).

La deuxième division de cuirassiers (Kretow) derrière le centre.

3º La réserve, sous le commandement en chef du grand duc Constantin et du général comte Milleradowitsch, à Magdeborn.

Le corps d'infanterie de la garde russe (Jermelow).

La brigade d'infanterie de la garde prussienne (Alvensleben).

Prince Gallizin. { La 1re division de cuirassiers russes (Depreradowitsch). La brigade de cavalerie de la garde prussienne (Laroche de Starkenfels). La division de cavalerie de la garde russe (Schäwitsch. L'artillerie de réserve russe (Suchasanett).

L'attention du prince de Schwartzenberg se porta principalement, le 16 octobre, sur Connewitz ; car si on eût pu opérer sur ce pont le passage du fleuve avec des forces considérables, on eût non-seulement tourné l'aile droite des Français, mais en se portant par le chemin le plus court sur Leipzig, leur aile gauche même eût été infailliblement culbutée. On avait d'abord l'intention de poster sur ce même point les gardes russe et prussienne avec les réserves, et c'est dans ce but qu'on les fit marcher la veille sur Pegau; mais cet ordre fut changé très heureusement, et ces troupes furent dirigées sur la rive gauche de l'Elster à Magdeborn par Rotha, mouvement d'une haute importance, car les difficultés du terrain, jointes à la brillante valeur des Polonais qui se trouvaient sur l'autre rive, eussent totalement déconcerté un projet semblable, et alors il eût été impossible aux troupes alliées de se former et de développer leurs forces.

L'aile droite des Français avait un point d'appui très fort sur l'Elster. Elle avait également une position très avantageuse sur des hauteurs de peu d'étendue ; en avant de son front se trouvaient des accidents de terrain faciles à défendre, c'étaient les villages de Dolitz, Mark-Kleeberg et de Wachau avec son bois qui devait coûter beaucoup de monde aux assaillants, et tous ces lieux se trouvaient sous la protection même de la position principale de l'ennemi. Mais il n'en était pas ainsi de son aile gauche qui restait sans point d'appui. C'était la partie la plus faible de sa position. En attaquant avec vigueur cette aile, et en la tournant, on prenait l'ennemi à dos et on le poussait sur Leipzig. C'est aussi là que, d'après le plan, devait avoir lieu l'attaque principale. Cependant, dans les différentes phases de la bataille, on n'a pas poursuivi avec assez de persévérance et de vigueur le but que l'on voulait atteindre.

Voici quelles étaient les forces respectives des armées alliées :

Armée principale du feld-maréchal prince de Schwarzenberg.

Les quatre corps d'armée autrichiens, la réserve et la première division légère,   70 000 hom.

Le deuxième corps d'armée prussien (Kleist),   23,535 »

(716 officiers et 5182 chevaux).

à reporter :   93,535 hom·

d'autre part.	93,535 hom.
Le corps d'armée russe (Wittgenstein).	18,000 »
Le corps de réserve du grand duc Constantin.	25,000 »
	136,535 hom.

Armée de Silésie du général de cavalerie Blücher.

Le premier corps prussien (York).	21,429 hom.
Le corps russe (Langeron).	25,000 »
Le corps russe (Sacken).	10,000 »
	56,429 hom.

Armée du Nord du prince royal de Suède.

L'armée suédoise (comte Stedingk).	18,000 hom.
Le corps russe du général Winzingerode.	25,000 »
Le troisième corps prussien (Bulow).	25,000 »
	68,000 hom.

Armée de Pologne du général du cavalerie Benningsen.

L'avant-garde (Stroganof).	4,000 hom.

d'autre part.	4,000 hom.
L'infanterie commandée par le gén. Dochterow.	23,000 »
La division de cavalerie (Tschaplitz).	5,000 »
Le corps de cosaques du général Platow.	1,500 »
La deuxième division légère (Bubna).	8,000 »
	41,500 hom.

Récapitulation.

Armée principale de Bohême.	136,535 hom.
Armée de Silésie.	56,429 »
Armée du Nord.	68,000 »
Armée de Pologne.	41,500 »
Total.	302,464 hom.

L'effectif de l'armée française à la bataille de Leipzig était de :

Vieille garde.	4,000 hom.
Jeune garde.	15,000 »
Cavalerie de la garde.	5,000 »
	24,000 hom.

Le deuxième corps (Victor).	15,000 hom.
Le troisième corps (Ney).	20,000 »
Le quatrième corps (Bertrand).	14,000 »
Le cinquième corps (Lauriston).	10,000 »
Le sixième corps (Marmont).	20,000 »
à reporter :	103,000 hom.

D'autre part.	103,000 hom.
Le septième corps (Regnier).	12,000 »
Le huitième corps (Poniatowsky).	10,000 »
Le onzième corps (Macdonald).	14,000 »
La réserve du maréchal Augereau.	10,000 »
Le premier corps de cavalerie du général La-tour-Maubourg.	6,000 »
Le deuxième corps de cavalerie du général Sébastiani.	5,000 »
Le troisième corps de cavalerie du duc de Padoue.	3,000 »
Le quatrième corps de cavalerie du comte de Valmy.	4,000 »
Le cinquième corps de cavalerie du général Milhaud.	4,000 »
Total.	171,000 hom.

L'attaque de l'armée de Bohême s'opérait par trois colonnes principales, c'est-à-dire :

1° Celle du général Gyulay sur Lindenau.

2° Celle du prince de Hesse-Hombourg sur Connewitz.

3° Celle du comte Wittgenstein sur Grobern, Gosse et Liebertwolkwitz.

Le champ de bataille, par sa situation naturelle, se partageait en trois parties, et donnait lieu à autant de combats principaux; un corps empiétait souvent sur le terrain d'un autre, mais la lutte était divisée en trois parties distinctes, savoir :

1° Le combat de Lindenau.

Entre le comte Gyulay et le quatrième corps français (Bertrand).

2° Le combat entre la Pleisse et l'Elster.

Entre a. le troisième corps autrichien (Meerfeld) prince de Hesse-Hombourg,

b. La réserve autrichienne,

et a. le huitième corps (Poniatowsky),

b. La garde française,

c. Une nombreuse cavalerie.

3o Le combat sur la rive gauche de l'Elster,

Entre a. le corps de Wittgenstein,

b. Le deuxième corps prussien (Kleist),

c. Le quatrième corps autrichien (Klenau),

d. La réserve autrichienne, aile gauche du prince de Hesse-Hombourg,

Et a. le deuxième corps français (Victor),

b. Le cinquième corps   id.   (Lauriston. } roi de Na-
Une nombreuse cavalerie.   } ples.

Le dernier combat, étant le plus important, fut désigné par le nom de bataille de Wachau. C'est par cette position que nous commencerons la description de la bataille en général.

1o Combat de Wachau.

Le général Wittgenstein prescrivit les dispositions suivantes :

« A 7 heures, le général Pahlen attaquera l'ennemi sur les hauteurs de Liebertwolkwitz et Wachau avec la cavalerie et l'infanterie et la cavalerie légère, ayant les cuirassiers en réserve ; le général Klenau, appuyé par le prince Gots-

chakow, s'emparera de Liebertwolkwitz, et l'aile gauche
du prince de Wurtemberg cherchera à tourner et à prendre
le village et le bois de Wachau. Le général Helfreich, appuyant cette attaque, marchera dans la direction de Leipzig,
laissant Wachau à droite.

« Les brigades du corps du général Kleist suivront les
troupes russes, derrière lesquelles elles sont formées en
deuxième ligne ; d'après le développement du terrain, et si
le cas l'exige, elles serviront de soutien à la première ligne.
Le corps de grenadiers marchera comme réserve près la
deuxième ligne ; viendront ensuite les gardes russe et prussienne.

« On n'enverra en général que peu de tirailleurs en
avant ; il vaut mieux agir par les masses et par l'artillerie, et
c'est principalement de cette dernière qu'il faudra se servir
aussitôt qu'on aura enlevé les hauteurs entre Liebertwolkwitz et Wachau.

« Le général Pahlen commande toute la cavalerie ; le
général Klenau l'aile droite ; le général Kleist l'aile gauche ;
le prince de Wurtemberg commande le centre ; et le corps
du général Gotschakow forme la jonction avec le général
Klenau et le reste de l'armée.

« Les bagages monteront derrière Espenhayn sur la chaussée, afin de pouvoir plus tard être dirigés sur Borna où les
blessés seront également envoyés par Espenhayn.

« Je me tiendrai sur les hauteurs de Gossa entre la première et la deuxième ligne.

« Signé : Comte WITTGENSTEIN. »

Ainsi le général Wittgenstein ordonna que les troupes
sous son commandement fussent formées en quatre colonnes.

La première colonne, sous les ordres du général Kleist, était composée de la douzième brigade prussienne (prince Auguste), de la quatorzième division russe (Helfreich), de la deuxième brigade de la troisième division de cuirassiers russes (Lewaschof), et du régiment de hussards (Lubny).

La deuxième colonne, sous les ordres du prince de Wurtemberg, comprenait la deuxième brigade du corps d'infanterie russe et la neuvième brigade prussienne.

La troisième colonne, sous les ordres du prince Gotschakow, comprenait la cinquième division d'infanterie russe (Pischnitzky) et la dixième brigade d'infanterie prussienne (Pirch).

La quatrième colonne, sous les ordres du général Klenau, était formée du quatrième corps autrichien, de la onzième brigade prussienne (Ziethen) et de la brigade de cavalerie de réserve (Roder).

Le général Pahlen fut chargé de maintenir la jonction entre la deuxième et la troisième colonne avec la cavalerie russe et prussienne.

Il était 6 heures du matin, lorsque les troupes prirent les armes sur les différents points, et à 8 heures, les quatre colonnes s'ébranlèrent pour l'attaque.

La première colonne se dirigea sur Mark-Kleeberg en longeant l'Elster.

La deuxième sur Wachau.

La troisième, en sortant du bois de l'Université sur Liebertwolkwitz.

La quatrième de Neuhoff et de Thrana sur Liebertwolkwitz.

1o La première colonne du général Kleist marcha par les villages de Grabern et de Crostewitz sur Mark-Kleberg, et vers les 8 heures, les chasseurs et l'artillerie de la quatorzième division d'infanterie russe commencèrent le combat. Le lieutenant-colonel de Loebel, qui fut détaché de ce côté avec le deuxième bataillon du 6e et le deuxième bataillon du 11e régiment de réserve de la neuvième brigade et qui avait occupé le village de Grobern, se porta vers Crostewitz pour suivre les mouvements de l'aile gauche russe. Le général Helfreich reçut en même temps l'ordre de gagner les hauteurs entre Wachau et Mark-Kleeberg, et le colonel Loebel eut à occuper ce dernier village dont l'inégalité du terrain rendait la situation très importante.

Le feu devint de plus en plus vif, et les Français furent peu à peu repoussés jusqu'aux hauteurs derrière Mark-Kleeberg; mais là de nouveaux ravins mirent obstacle à des progrès ultérieurs Le lieutenant-colonel Loebel occupait Mark-Kleeberg.

Comme le général Kleist avait remarqué un grand vide entre les troupes qui marchaient sur Wachau et la douzième brigade, il ordonna au lieutenant-colonel de Schwichow d'aller avec quelques bataillons remplir cet intervalle.

L'ennemi renouvela ses attaques contre Mark-Kleeberg et contre la position emportée par la douzième brigade qu'il canonna dans le flanc gauche avec une forte batterie; mais le village de Mark-Kleeberg, ainsi que la position, furent maintenus, et rien ne put ébranler le courage des braves alliés. Plusieurs charges de cavalerie furent également repoussées. Le régiment de hussards (Lubny) commandé par le colonel Dawydow se distingua particulièrement dans cette circonstance; il fut vigoureusement soutenu par la brigade de cuirassiers (Lewachof). Le détachement du colonel Schwichow essuya un feu meurtrier d'artillerie et de mousqueterie entre Mark-Kleeberg et Wachau; mais la résignation des troupes malgré leurs nombreuses pertes, fut

admirable. Le premier bataillon du 11e régiment de réserve
tenta d'emporter à la baïonnette le village de Wachau, et
quoique l'attaque fût exécutée avec une brillante valeur, les
forces supérieures des Français sur ce point, jointes à l'irré-
gularité du terrain, s'opposaient au succès. Le colonel
Schwichow, voulant éviter le feu de flanc des Français,
céda un peu de terrain, mais il se maintint dans sa dernière
position jusqu'à ce qu'il fût relevé par les Autrichiens.

En ce moment, l'ennemi ayant de nouveau fait avancer
des masses considérables vers Mark-Kleeberg, le colonel
Loebel et le détachement de la douzième brigade furent forcés d'abandonner le village; car les pertes qu'ils avaient
éprouvées les avaient tellement affaiblis, qu'ils pouvaient à
peine remplir la cinquième partie du terrain sur lequel ils
combattaient.

Dès que les Français firent mine d'évacuer, le bataillon
de fusiliers du 2e régiment de Silésie fut détaché pour soutenir le colonel Loebel. Alors un nouveau combat s'engage ;
le village de Mark-Kleeberg est emporté pour la quatrième
fois par le deuxième bataillon du 1er régiment de réserve,
et les Prussiens parviennent enfin à s'y maintenir jusqu'à
ce que la division Bianchy arrive à leur secours.

2° La deuxième colonne ou centre, sous les ordres du
prince de Wurtemberg, marcha sur les hauteurs de Wachau,
par Gossa, vers l'ennemi qui occupait le village et le bois de
Wachau, et qui avait en même temps jeté de la cavalerie
sur les hauteurs de Liebertwolkwitz. L'aile droite de cette
colonne était précédée de 24 pièces de 12 et suivie par la
cavalerie du général Pahlen. Deux bataillons de la neuvième brigade prussienne, sous les ordres du major Gayl,
s'avancèrent sur Wachau au soutien de deux autres bataillons d'infanterie russe ; mais ces derniers, ne trouvant, con-

tre leur attente, qu'une faible résistance dans le bouquet de bois en avant de Wachau, entrèrent dans le village, et les deux bataillons prussiens les suivirent à une certaine distance, quand tout à coup les Français se précipitèrent avec des forces considérables dans le village et tout à l'entour. Les bataillons prussiens arrivèrent; le combat devint très vif, et la neuvième brigade s'avança par la gauche pour appuyer Wachau.

De son côté, l'ennemi fit arriver sur les hauteurs une formidable artillerie, et dirigea son feu sur l'infanterie prussienne. Alors le prince de Wurtemberg ordonna de renforcer les 24 pièces de 12, par la batterie russe n° 6 et par les 2 batteries des brigades prussiennes, ce qui forma en tout un supplément de 28 pièces. En même temps, les Français portèrent de l'infanterie sur Wachau, et les bataillons prussiens, contraints de céder à la supériorité de leurs adversaires, évacuèrent le village. Le général Klux envoya les chasseurs au-devant de ces bataillons, et son artillerie fit un feu si actif sur l'infanterie française, qu'elle se replia dans le village. Cependant l'artillerie de l'ennemi eut le dessus; plusieurs pièces russes et 3 canons prussiens furent démontés, et on se vit obligé de faire rétrograder les batteries. Le combat devint de plus en plus opiniâtre; la perte était immense: des attaques vives et renouvelées sans cesse, avaient presque épuisé les forces des alliés, et le prince de Wurtemberg fut contraint de se replier sur Gülden-Gossa.

3° La troisième colonne du prince Gotschakow déboucha un peu plus tard que les deux autres colonnes du bois de l'Université vers le Lichtenwald (forêt en clairière) et vers Liebertwolkwitz. A sa droite, le général Klenau, qui ne s'était pas encore réuni à elle, s'avança à la même hauteur. Dans ces circonstances, le général Gotschakow, ne pouvant pousser plus en avant, fut enveloppé dans le Lichtenwald. Une lutte acharnée s'engagea autour de lui; l'artillerie de l'ennemi l'accabla, et lorsque ce dernier marcha sur Gossa, le prince Gotschakow, qui, d'après sa destination, devait maintenir la jonction entre l'aile droite et le centre, fut forcé de se retirer avec ses troupes sous un feu terrible de mousqueterie. La cinquième division d'infanterie russe et la dixième brigade prussienne firent preuve dans cette retraite périlleuse d'une grande résolution et de beaucoup de sang-froid. Elles tinrent plusieurs fois tête à l'ennemi, et se formèrent enfin entre le bois de l'Université de Leipzig et Gossa. Elles avaient ordre d'occuper ces deux points par un bataillon prussien qui devait s'y maintenir à tout prix.

Vu l'importance de ces deux points, le troisième bataillon du 7e régiment de réserve, commandé par le major Winskowsky, fut renforcé plus tard par la cinquième division russe, et le général Pirch occupa préalablement le village de Gossa, avec 3 bataillons. Alors, pour protéger l'entrée du village, on y plaça une batterie légère russe de 6 (capitaine Dawydow), et la dixième brigade eut ordre de maintenir, conjointement avec les autres troupes, le village de Gossa, dès que les Français se mettraient en mouvement.

La cavalerie du général Pahlen fut destinée à remplir le grand intervalle entre le prince Gotschakow et le prince de Wurtemberg. Le feu de l'artillerie légère inquiéta et contint quelque temps l'ennemi; mais la cavalerie des alliés, exposée sans cesse à son feu bien nourri, éprouva des pertes considérables, et le général Pahlen fut enfin contraint d'évacuer les hauteurs de Lieberwolkwitz et de battre en retraite.

4o La quatrième colonne du général Klenau, partant à 9 heures de Gross-Posna, marcha sur Liebertwolkwitz, en traversant la forêt *des Corneilles* située à l'est de ce village, et prit position sur la hauteur située vers la droite. La brigade du général Schaefer, occupa, avec un bataillon et trois canons, la hauteur dite le Kolenberg, en avant Gross-Posna, et prit de flanc la position ennemie près de Liebertwolkwitz. Ce point était très important, car il dominait les environs ainsi que la route de Grimma. Aussi les Français s'en aperçurent-ils bientôt, et le corps de Macdonald s'avança de Liebertwolkwitz avec des forces très supérieures aux alliés en infanterie et en artillerie ; on combattit long-temps dans la forêt des Corneilles avec des succès variés. Une vive canonnade s'engagea. La onzième brigade (Ziethen) poussa de Belgershayn sur Kohra et Thrana jusque auprès de Gross-Posna, où elle se forma en réserve sur la montagne des moulins à vent derrière la division Meyer. L'avant-garde autrichienne (Mohr) se battit avec acharnement pour occuper le Kolenberg, qui fut à la fin abandonné à la division française (Charpentier), ainsi que le bois de Gross-Posna. Le général Mohr et le général Spleny furent blessés dans cette affaire. Sur les 3 heures, l'ennemi, traînant à sa suite beaucoup d'artillerie, canonna les troupes alliées avec un plein succès. Le maréchal Mortier emporta avec deux divisions de la jeune garde la forêt des Corneilles ; les Français marchèrent aussi sur Seiffartshayn, ce qui engagea le général Klenau à se replier sur la position entre Gross-Posna et Fuchshayn, près la forêt de l'Université.

Outre ce combat des quatre colonnes du général Wittgenstein, une attaque sur Connewitz opérée par la deuxième colonne de l'armée principale de Bohême, sous les ordres du prince de Hesse-Hombourg, et par son extrême aile droite avait lieu à l'extrémité de l'aile gauche des Français.

Combat de Connewitz.

Le deuxième corps autrichien (général Meerfeld), engagea le combat, et longeant la rive de la Pleisse, il s'avança par Gautsch sur Connewitz, afin de prendre à dos l'aile droite des Français. Il trouva le pont sur le premier bras de la Pleisse détruit. L'attaque de front sur Connewitz et sur le pont n'était pas praticable, attendu que l'ennemi défendait le pont et la chaussée avec une nombreuse artillerie. La rive est très élevée sur ce point, et la Pleisse était alors assez haute à cause des pluies continuelles tombées depuis un mois. Cette colonne ne pouvait donc avancer que sur la grande route qui conduit à travers le bois de Connewitz à Leipzig, et qui se trouve des deux côtés garnie d'épaisses broussailles et de grands chênes. L'ennemi entretenait toujours un feu meurtrier d'artillerie et de mousqueterie. Le général Meerfeld chercha un passage, en remontant la rivière ; mais comme tout était couvert de bois, de marais, et qu'on n'apercevait que çà et là quelques prairies, il ne put effectuer son passage à Losnig.

A Dolitz, village coupé par la Pleisse, se trouve, sur la rive gauche le château que les Autrichiens avaient occupé dès 8 heures du matin. Un combat terrible s'y engagea ; le moulin et le village étaient remplis de troupes polonaises qui gardaient la rivière et empêchaient qu'aucun passage ne s'effectuât. Les Autrichiens incendièrent le moulin avec des grenades ; mais ce fut en vain que les Français cherchèrent à mettre le feu au château.

Le général Meerfeld reçut ordre de continuer de fausses

attaques sur Connewitz, et d'exécuter, coûte que coûte, le passage à Dolitz. Le combat devint de plus en plus sanglant. La bataille, commencée le matin, n'avait encore rien perdu de son acharnement, et à midi il ne restait à l'armée de Bohème que bien peu d'espérance d'obtenir la victoire. A 9 heures, des lignes formidables se trouvaient en présence; plus de mille canons vomissaient la mort dans les rangs opposés. On ne tirait que par salves, et l'on n'entendait plus de coups isolés. Mais ce fut principalement à 10 heures que le feu devint le plus violent. Enfin, vers les 11 heures, l'infanterie attaqua à la baïonnette, et la cavalerie enfonça sur plusieurs points les carrés des Français. Les obus renversèrent les murs transformés en parapets, des villages de Dolitz, Wachau, et Liebertwolkwitz, qui furent emportés d'assaut.

L'empereur Napoléon, qui se tenait sur une hauteur derrière Wachau, ordonna à la garde, formée en colonnes serrées près Probstheida, d'avancer, et, afin de couvrir davantage son aile gauche, il fit partir le onzième corps (Macdonald) de Stotteritz vers Holshausen, avec ordre de se former obliquement à l'extrémité de l'aile gauche, soit pour tourner ensuite par une conversion l'aile droite des alliés, soit pour empêcher qu'il ne fût tourné lui-même par ces derniers. Le maréchal Mortier fut également envoyé à cette aile avec deux divisions de la jeune garde, et le général Sébastiani avec le deuxième corps de cavalerie.

L'Empereur, pour soutenir le maréchal Victor, fit ensuite marcher sur Wachau deux divisions de la jeune garde commandées par le maréchal Oudinot, 150 pièces d'artillerie de réserve sous les ordres du général Drouot, et le premier corps de cavalerie (Latour-Maubourg). Lui-même se tint sur ce point depuis le matin jusqu'à 5 heures de l'après-midi.

Alors le tumulte de la bataille croissait également sur tous les points ; la résistance se montrait aussi terrible que l'attaque, et des incidents nouveaux et imprévus se présentaient à chaque instant. Cependant l'affaire était encore loin de son dénouement. Tout dépendait de la possession des villages désignés plus haut ; les alliés le sentaient aussi bien que les Français ; aussi, de part et d'autre, on combattait avec une égale valeur et l'acharnement du désespoir.

Alors les Français firent un mouvement en avant, et le général Barklay envoya au secours du prince de Wurtemberg les deux divisions de grenadiers, et la deuxième division de cuirassiers sous les ordres du général Rajewsky. La première division de grenadiers se forma immédiatement derrière la ferme d'Auenhayn, et une brigade de cuirassiers marcha sur ses flancs.

Le prince Schwartzenberg, informé que le corps de Wittgeinstein était vivement pressé par un ennemi supérieur en nombre, et que Napoléon avait dirigé toutes ses forces vers Wachau et Liebertwolkwitz dans l'intention de tourner l'aile gauche des alliés et de se faire jour à travers leur centre, ordonna aussitôt au corps de réserve du prince de Hesse-Hombourg, de quitter sa position de Zobrig pour se porter par Gaschwitz et Deuben sur la rive droite de la Pleisse, et se former en avant de Grobern. Il était une heure de l'après midi, lorsque la tête de la cavalerie autrichienne arriva à Grobern, et dans le même temps une masse considérable de cavalerie française (c'étaient les Polonais et les dragons de la garde impériale, sous les ordres du général Letort), pénétra jusque près de Grobern ; elle était suivie par l'infanterie. Alors le général Nostiz se précipita sur elle, la culbuta, enfonça plusieurs carrés de la garde française et la força à la retraite. Les régiments de cuirassiers grand

duc Constantin, Sommariva et Albert se distinguèrent particulièrement dans cette charge brillante. Le général Nostiz fut blessé. La division Bianchy s'avança ensuite sur
deux colonnes, de Grobern jusqu'à Mark-Kleeberg, et y re-
leva les troupes du général Kleist qui, pendant un combat
opiniâtre de 9 heures, s'étaient glorieusement maintenues
contre un ennemi infiniment supérieur, et qui avaient repris Mark-Kleeberg ainsi que la hauteur située entre ce
village et Wachau.

Le général Bianchy fit canonner le flanc de la ligne française venant de Wachau, et il la repoussa.

Pendant que les Autrichiens étaient à la poursuite des
Français, ils trouvèrent cinq pièces en partie démontées,
qui avaient été prises par les Prussiens. Les Autrichiens
enlevèrent eux-mêmes trois autres pièces.

L'ennemi, se trouvant dans l'impossibilité d'entamer l'aile
gauche des alliés, dirigea toutes ses forces vers leur centre.
Après avoir refusé d'abord l'attaque sur Wachau, il se mit
à poursuivre à outrance les assaillants, traînant à sa suite
l'artillerie de réserve.

Le roi de Naples se plaça en personne à la tête du premier et du cinquième corps de cavalerie de réserve. L'infanterie française était bien supérieure à celle du prince de
Wurtemberg, et les alliés n'avaient sur ce point que dix
escadrons ; aussi la cavalerie française fit une attaque avec
plein succès : elle déboucha à l'improviste du petit bois de
Wachau, et laissant le village à droite, elle se porta sur
Gossa ; une partie de cette cavalerie parvint à se faire jour à
travers l'aile gauche du deuxième corps d'infanterie russe ;
cette charge précipitée fut exécutée avec une hardiesse incroyable ; cependant l'infanterie russe et la seconde brigade prussienne se formèrent en carrés, et repoussèrent

leur position. La division de cavalerie légère de la garde russe, commandée par le général Schwawitsch se disposait à se porter en avant ; mais l'attaque inopinée de l'ennemi ne lui donnant pas le temps de se former, elle fut culbutée et se précipita en désordre sur le côté, et pêle-mêle avec la cavalerie française, laissant Gossa sur la gauche. Il était trois heures après midi ; le centre était enfoncé, le danger imminent ! La bataille paraissait déjà perdue sur ce point par les alliés, mais la providence en décida autrement.

La cavalerie légère ennemie n'était plus qu'à une petite distance de la hauteur où l'empereur de Russie et le roi de Prusse s'étaient placés pour observer la bataille. L'étang marécageux près Gossa la séparait seule des deux souverains ; ainsi, de ce côté, le danger n'était pas moins grand. L'empereur de Russie envoya aussitôt contre l'ennemi, sous les ordres du général Orlow-Denissons, le régiment des cosaques de la garde, qui ordinairement forme l'escorte de S. M. ; et le prince de Schwartzenberg, qui dirigeait de ce point la bataille, supplia les monarques de ne pas exposer plus long-temps leurs personnes à un danger certain, et de se retirer sur les derrières. Pour lui, jugeant le moment très critique, et comprenant qu'il était de son devoir de général en chef de rétablir l'ordre, il mit aussitôt l'épée à la main, et se porta au galop vers la ligne de bataille. De son côté, le comte Orlow exécuta avec les braves cosaques de la garde une charge brillante contre la cavalerie française ; il la repoussa et lui reprit 24 pièces sur 26 qu'elle avait déjà enlevées ; la division de cavalerie légère russe suivit ce mouvement, et le général Pahlen fit avancer le régiment de cuirassiers de Silésie et le régiment de dragons de Neumark sur la gauche de Gossa ; ces troupes, après avoir combattu avec valeur, contribuèrent à repousser la cavalerie ennemie.

Dans cette affaire, le général français Latour-Maubourg eut la cuisse emportée d'un boulet de canon, et le général russe Schawitsch fut tué.

Le danger était passé, car la cavalerie française n'avait pas su profiter de ses immenses avantages, et n'étant pas soutenue par des troupes de réserve, elle avait perdu heureusement ses moments les plus précieux ; ce qui n'empêcha pas que l'empereur Napoléon n'envoyât faire savoir au roi de Saxe que la bataille était gagnée; des courriers furent expédiés à Leipzig pour y annoncer la victoire ; on sonna les cloches, et un *Te Deum* fut chanté dans la chapelle catholique.

L'attaque hardie des Français eut les résultats les plus favorables pour les armées alliées ; on prit alors les dispositions qu'on eût dû prendre dès le commencement du combat : la réserve autrichienne reçut ordre de se former sur plusieurs lignes à Mark-Kleeberg ; les grenadiers russes se portèrent sur Wachau pour soutenir le prince de Wurtemberg, les gardes russe et prussienne marchèrent vers les hauteurs qui s'étendent derrière Gossa, et que la nature semble avoir créées pour la position d'une réserve; et celle de l'artillerie russe, forte de 80 pièces, fut parquée à gauche, en avant de Gossa.

L'ennemi, gagnant de plus en plus du terrain au centre, se rendit maître de la ferme d'*Auenhayn*. Il s'avança ensuite vers les grenadiers russes qui occupaient cette position ; mais ceux-ci ne lui cédèrent pas un pouce de terrain. Bientôt même, conduits par le général Rajewsky, ils tombèrent à la baïonnette sur les Français, et les repoussèrent sans tirer un coup de fusil. Enfin la ferme d'Auenhayn, attaquée avec beaucoup de valeur, fut reprise après une

perte considérable , par le régiment d'infanterie (Simbs-
chen) et par le bataillon de grenadiers (Cale).

Les Français occupèrent aussi les hauteurs près de Gossa;
ils se préparèrent à l'attaque de ce village, et elle eut lieu
avec une grande impétuosité. Les 3 bataillons prussiens,
accablés par le nombre, perdirent un peu de terrain et furent rejetés jusqu'au centre de Gossa ; mais le colonel Ja-
gow, accourant avec le premier bataillon du 2ᵉ régiment
de la Prusse occidentale , ces bataillons, ainsi soutenus ,
tinrent de nouveau tête à l'ennemi et le chassèrent du village. Cependant, comme l'occupation de Gossa était pour
les Français d'une trop haute importance pour qu'ils ne
cherchassent pas à s'en rendre maîtres de nouveau, le général Pirch envoya , dans cette prévision , demander de
prompts secours , attendu qu'il ne lui restait plus que 2
bataillons.

Bientôt, en effet, l'ennemi dirigea un feu très vif sur
Gossa, et fit avancer ses pièces pour soutenir une nouvelle
attaque. En ce moment arrivèrent 2 bataillons des chasseurs de la garde russe ; ils se formèrent en colonnes de
soutien derrière le village ; le deuxième bataillon du 7ᵉ de
réserve fut posté à droite, et les bataillons de fusiliers du 2ᵉ
régiment de la Prusse occidentale occupèrent la gauche.
L'ennemi , malgré ses attaques vives , impétueuses et re-
nouvellées sans cesse avec des troupes fraîches , n'eut plus
aucun succès. Les dispositions, au contraire, prises par les
alliés réussirent si bien dans leur ensemble, qu'il fut à la fin
culbuté, et si le général Pirch eût disposé alors de quelque
cavalerie, il eût indubitablement fait plusieurs milliers de
prisonniers, car les colonnes françaises, entièrement défai-
tes , rétrogradèrent dans le plus grand désordre. Les chasseurs prussiens, ainsi que les 2 bataillons de la garde russe,

les poursuivirent jusqu'au pied des hauteurs, et les bataillons de chasseurs de la garde russe, formés derrière le village, le traversant au pas de charge, vinrent encore à leur aide. La nuit commençait à arriver.

Le général Pahlen, posté entre l'ennemi et Gossa, avait placé son artillerie sur les hauteurs qui dominent la forêt de l'*Université*, et de cette position il put prendre en flanc les Français marchant sur Gossa. Dans la soirée, la deuxième division de cuirassiers (Kretow), détachée pour soutenir le général Pahlen, se forma en avant de Stormthal.

Le prince Gotschakow se maintint dans la forêt de l'Université.

Le général Klénau fit tous ses efforts pour conserver sa position de Gross-Posna et de Fuschshayn. Les Français s'avancèrent de Klein-Posna à gauche, par la route de Grimma, traversant le bois situé sur la hauteur et le Thranengraben, avec l'intention de tourner les Autrichiens et de les prendre à dos à Fuchshayn ; mais à peine furent-ils arrivés du Kohlenberg au Konigsbach, qu'ils furent repoussés par les cosaques de Platow.

Dans le même temps, un détachement du onzième corps français, s'étant approché de *Seiffertshayn*, parvint à 5 heures du soir, malgré les efforts de la division autrichienne (prince de Hohenlohe-Bartenstein), à pénétrer dans le village à travers les retranchements. Un combat opiniâtre d'une heure s'engagea autour de Seiffertshayn, enfin le général Schaeffer l'emporta d'assaut avec le régiment d'infanterie (Zach), et il s'y maintint. Les régiments de chevau-légers (Hohenzollern et Oreilly) repoussèrent de même, et en un clin d'œil, la cavalerie française.

La onzième brigade prussienne (Ziethen) formant l'aile gauche, occupait la montagne des moulins à vent près de

Gross-Posna, au moment où l'ennemi, après s'être rendu maître de Sieffertshayn, attaquait avec vigueur le bouquet de bois entre Gross-Posna et Leibertwolkwitz, qui n'était que faiblement défendu par des troupes autrichiennes.

Le général Ziethen envoya aussitôt sur ce point deux compagnies de chasseurs, et le premier bataillon du 1er régiment de Silésie, et il fit occuper le bois de l'Université par le deuxième bataillon.

Les colonnes françaises n'avancèrent que lentement vers la ligne de bataille, et lorsque le général Klénau fit exécuter un mouvement en avant, elles se retirèrent de suite. Cependant l'ennemi, muni d'une artillerie considérable, canonna avec succès la montagne des moulins à vent jusqu'à l'arrivée de l'artillerie autrichienne qui lui imposa silence.

A l'aile gauche, la division (Hohenlohe-Bartenstein) fut contrainte d'évacuer les hauteurs en avant du village de Seiffertshayn; elle était déjà en pleine retraite; déjà la cavalerie française avait rejeté la cavalerie autrichienne derrière son infanterie, et elle était prête encore à enfoncer les carrés des Autrichiens, lorsque le colonel de Wrangel, accourant avec sa brigade composée des régiments de cuirassiers de la Prusse orientale et de Brandebourg, attaqua vivement l'ennemi, le repoussa jusqu'à ses batteries, et resta ainsi exposé à son feu, jusqu'à ce que les Autrichiens, parvenus à se rallier, eussent opéré leur retraite. Cette brigade vint ensuite couvrir l'aile droite du corps de Klénau près Klein-Posna, et ce corps se posta aussitôt sur les hauteurs entre Gros-Posna et Fuchshayn, le général Mohr occupant le premier de ces lieux, et le général Ziethen le second. Quant au village de Seiffertshayn, il resta au pouvoir de la division (Hohenlohe-Bartenstein), et la brigade de cavalerie de réserve (Roeder) fut placée à côté de Fuchshayn, derrière le centre de la position. Cette journée se termina par une vive canonnade, ainsi que par une attaque sans succès que firent les Français sur Seiffertshayn et sur le bois de l'Université, et ce fut aussi dans cette position que le général Klénau passa la nuit.

Maintenant, reportons-nous sur la rive gauche de la Pleisse, à l'attaque de Connewitz par le deuxième corps d'armée autrichien, sous les ordres du général Meerfeld.

En vain le général Lederer et le prince Aloys de Lichtenstein cherchèrent-ils à jeter des ponts dont un entre Connewitz et Lossnig, et un autre près de Dolitz. L'attaque de Connewitz néanmoins étant inexécutable, le général Meerfeld tenta de franchir sans retard la Pleisse près de Dolitz et Lossnig, afin de pouvoir prendre l'ennemi à dos. Sur le soir, ce général réussit enfin, après un combat des plus opiniâtres, à forcer le passage; il traversa la rivière à gué près de Dolitz à la tête d'un bataillon du régiment d'infanterie (Strauch) sous les ordres du major Voley: mais à peine ce bataillon fut-il formé au-delà de la Pleisse qu'il fut attaqué et repoussé par la division de la garde française (Curial). Le général Meerfeld, qui s'était trop avancé pour reconnaître la position de l'ennemi, tomba lui-même dans une embuscade : il eut son cheval tué sous lui, il fut légèrement blessé et fait prisonnier par les Français.

Le prince Aloys de Lichtenstein prit alors le commandement de ce corps. Un bataillon du régiment d'infanterie (Colloredo) passa à gué, près de Losnig, le premier bras de la Pleisse ; mais il ne put atteindre la rive opposée vu la profondeur de l'eau et sa nature marécageuse. La brigade Longueville continua le combat près le pont de Connewitz.

Combat de Lindenau.

Le troisième corps, général Gyulay, la première division légère du prince Maurice de Lichtenstein, et le corps de cavalerie légère du général Thielmann, arrivant de Markranstadt sur trois colonnes, attaquèrent sur la rive gauche de l'Elster, le quatrième corps français (Bertrand) qui avait occupé les villages de Lindenau, Plagwitz et Lautsch. Lindenau était défendu par quatre retranchements garnis chacun de 10 pièces de canon, formant demi-cercle, et à égale distance. La première batterie était placée en rase campagne, à un quart de lieue de Lindenau, sur la droite et près de la route qui conduit à Klein-Zoscher; les deux autres étaient également en rase campagne, et la quatrième près la route de Mersebourg; elles dominaient chaque approche vers Lindenau, et elles entretinrent pendant toute la journée un feu bien nourri. Les Autrichiens ne purent avancer que du côté du nord, par le bois de Lautsch.

Le général Gyulay marcha à l'attaque sur trois colonnes : la première, celle de l'aile gauche, commandée par le prince de Hesse-Hombourg, se porta vers le village de Lautsch et l'enleva. Les Autrichiens repoussèrent ensuite les Français à travers le bois et les prairies jusqu'à Lindenau; mais ceux-ci se jetèrent tout à coup dans un jardin dont les murs étaient comme pourvus d'embrasures, et ils se maintinrent dans cette position, que les Autrichiens cherchèrent deux fois à emporter, et dont ils furent deux fois repoussés

avec perte. Le village de Lindenau était en flammes. Alors
le général Bertrand, faisant longer les étangs à un grand
nombre de pièces d'artillerie, les dirigea contre les flancs
des Autrichiens, qui furent ainsi contraints de renoncer à
leur attaque et battirent en retraite. Les arquebusiers continuèrent pendant toute la journée le combat, tant sur ce
point que près de la Luppe et dans le bois de Lautsch.

La deuxième colonne, commandée par le général Czollich, marcha de Klein-Zsocher vers les Français qui formaient depuis l'Elster, au-dessus de Plagwitz et à travers
les champs, un demi-cercle qui s'étendait jusqu'au côté
ouest de Lindenau. Une vive canonnade s'engagea, les chasseurs combattirent avec une infatigable ardeur dans les
prés de l'Elster, et la cavalerie exécuta différentes charges.
Après un combat acharné, les Français se virent contraints
d'abandonner vers une heure le village, de Plagwitz et à
deux heures la partie antérieure du village de Lindenau.
Le deuxième bataillon de chasseurs autrichiens, et le premier bataillon du régiment d'infanterie Mariassy entrèrent
au pas de charge dans Lindenau et y enlevèrent deux canons.

Alors, le général Bertrand fit rétrogarder son corps jusque derrière le Kuhturn (Tour des vaches) et la Tuilerie;
là, il fit former ses troupes en grands carrés et canonna vigoureusement le corps de Gyulay posté sur la rive gauche
de la Luppe près Lindenau.

Dans ce moment, l'empereur Napoléon envoya au quatrième corps l'ordre positif de marcher de nouveau sur
Lindenau, et aussitôt le général Bertrand s'avança et reprit
le village.

La possession de Lindenau, malgré tous les sacrifices
qu'elle coûta aux Français, ne fut pas achetée trop chère-

ment par eux ; car si les Autrichiens eussent pu s'y maintenir, on se demande de quel côté il eût été possible à l'ennemi vaincu d'opérer sa retraite.

Une vive canonnade, alimentée des deux côtés par plus de 100 pièces, continua jusqu'à la fin du jour. Les pertes réciproques furent considérables. Dans la même soirée, l'ennemi tenta deux fois de se porter en avant, dans la direction de Klein-Zsocher, où le corps de Gyulai s'était retiré ; mais une charge de cavalerie légère dirigée par les colonels russes Orlow et Bok déconcerta ses projets.

La troisième colonne, formée par les troupes du prince Maurice de Lichtenstein et du général Thielemann, manœuvra sur le flanc gauche du village de Lindenau. Elle était chargée de maintenir la communication du corps de Gyulai avec l'armée de Silésie, ce qui, dans les circonstances présentes, ne laissait pas que d'être très difficile.

Les prairies, qui s'étendent depuis la Lauer jusqu'à Leipzig, étaient couvertes de troupes légères autrichiennes de la division Lederer. Partout, sur les chemins, sur les rives de la Pleisse et de l'Elster, on voyait combattre des chasseurs. La ferme de Schleussig, ainsi que toute la rive droite de l'Elster jusqu'à Plagwitz, avaient été, dès le matin, occupées par des troupes légères qui maintenaient les communications entre les deuxième et troisième corps autrichiens. On avait joint à ces troupes un bataillon de *Gradiscaner* et un bataillon du régiment de Kaunitz ; d'autres troupes étaient campées dans les pâturages qui s'étendent le long de la petite chaussée. Il paraît qu'ici le général autrichien n'avait qu'une connaissance très imparfaite du pays; autrement les Français, n'ayant pas détruit le pont dit Sauweidenbrucke sur la vieille Pleisse, on eût pu, en rétablissant à la hâte le pont dit Heiligenbrucke, s'avancer sans obstacle sur la route de Lindenau.

Réflexions sur ces premiers combats.

D'après la description succincte que nous venons de faire de la bataille livrée sur les deux rives de l'Elster et de la Pleisse par l'armée principale de Bohême, on voit que le combat est resté indécis, et que les deux armées se maintinrent respectivement sur le champ de bataille. La nuit fit cesser le combat.

Dans cette journée, les résultats partiels furent souvent peu favorables à l'armée de Bohême ; il n'en pouvait être autrement, car elle n'aurait pas dû attaquer avant le 17 octobre, époque où toutes les forces des alliées devaient se trouver réunies ; il manquait au combat le premier corps d'armée autrichien (Colloredo), le corps de Pologne et l'armée du nord du prince royal de Suède ; de sorte que le cercle qui entourait Leipzig n'était pas encore formé depuis la Partha jusqu'à Seiffertshayn. Mais on marcha à l'ennemi dans la pensée que, d'après les conventions, l'armée de Silésie attaquerait de son côté. Outre cela, il était fortement à craindre que, vu sa grande proximité des deux armées alliées, l'empereur Napoléon ne se jetât à l'improviste sur l'une ou sur l'autre. L'avis général fut aussi qu'il devait avoir l'intention de quitter Leipzig, et qu'il importait de l'attaquer pour l'y contenir.

Cependant, si l'on fût resté fidèle au premier plan, la bataille eût été certainement gagnée. Il fallait pour cela sur-

monter à tout prix les grandes difficultés que présentait l'attaque de Connewitz; diriger vers ce point masses sur masses et
forcer le passage qui formait la clef de la position. Si de nombreuses colonnes eussent pu pénétrer jusqu'à Leipzig, cette
position eût été infailliblement tournée, et l'ennemi forcé à
la retraite.

Quant à la position de Wachau , on devait , en tournant
également l'ennemi, l'attaquer avec vigueur sur son flanc
gauche près de Liebertwolkwitz , car c'est là seulement
qu'il était vulnérable, et les alliés avaient alors beaucoup de
troupes disponibles. Mais, de quelle utilité pouvaient être de
simples démonstrations? Enfin, dès que les circonstances ne
permettaient pas cette attaque, il fallait la suspendre sur tous
les points, et non se jeter avec de faibles forces dans un
centre où l'ennemi avait réuni ses masses principales.

Et, après que le général Gyulaï eut emporté Lindenau, il
fallait qu'il conservât à tout prix un point aussi important
et qui coupait toute retraite à l'armée française. Ce général
eût dû placer d'abord son artillerie sur la chaussée, brûler
ensuite les ponts et faire occuper les passages par toutes ses
forces disponibles. Le désespoir seul pouvait alors ouvrir la
grande route aux Français (1).

(1) Afin de mieux fixer les idées du lecteur sur l'importante
bataille de Leipzig, et lui donner les moyens de connaître tous
les détails par des récits comparatifs, nous avons cru qu'il était
convenable d'ajouter à l'écrit de M. le colonel prussien Charles
de Plotho la relation particulière du combat de Lindenau par
le général autrichien Frédéric de Seidel, qui, dans cette affaire,
était le premier aide-de-camp du général Gyulay. L'action ne

Position de l'armée alliée dans la nuit dn 16 au 17 octobre.

L'armée principale de Bohême était, pendant la nuit, répartie comme il suit :

Le troisième corps autrichien, la première division légère autrichienne et l'avant-garde du général Thielemann, sous les ordres du comte Gyulai, à Klein-Zsocher.

Le deuxième corps autrichien (prince Aloyse de Lichtenstein), près Connewitz, Baschwitz et Setsch.

La réserve autrichienne (prince de Hesse-Hombourg) à Mark-Kleeberg, et le général Kleist avec la douzième brigade prussienne et la quatorzième division russe, comme seconde ligne, à Grobern.

Le corps de grenadiers russe, le deuxième corps d'infanterie russe et la neuvième brigade prussienne (de Klux) derrière l'étang à gauche de Gossa.

La dixième brigade prussienne (Pirch) occupait le village

Lindenau a eu une très grande influence sur les résultats de la bataille de Leipzig. Le général Seidel s'attache principalement à réfuter les erreurs contenues dans l'ouvrage du général prussien baron de Muffling intitulé : *Considérations sur les grandes opérations militaires et sur les batailles des campagnes de* 1813 *et* 1814.

(*Note du traducteur*).

de Gossa, les chasseurs formaient une chaîne serrée en avant; d'autres troupes légères étaient placées sur la lisière des broussailles environnantes, et, pour soutenir ces troupes, on détacha trois bataillons de réserve.

Le château était occupé par deux bataillons; deux autres étaient postés sur le chemin qui coupe le village dans sa largeur, et un bataillon de fusiliers était placé à la droite. Les troupes russes sous les ordres du général Bistrum formaient la réserve derrière ce même village : elle était composée de deux bataillons de chasseurs de la garde, de deux bataillons de chasseurs finlandais et de deux bataillons du régiment des gardes Paulowsky.

Le prince de Gortschakow se tenait dans le bois de l'Université avec la cinquième division d'infanterie russe.

Le corps du général Pahlen et la deuxième division de cuirassiers (Kretow) étaient sur la droite de Gossa.

Le quatrième corps autrichien, la onzième brigade prussienne (Ziethen) et la brigade de réserve prussienne (Roeder) couvraient l'espace entre Gross-Posna, Fuchshayn et Seiffertshayn.

Les cosaques de Platow étaient à Klein-Posna.

Les gardes à pied russe et prussienne, la première division de cuirassiers russes, la brigade de cavalerie de la garde prussienne et l'artillerie de réserve russe campaient sur les hauteurs derrière Gossa, et, au milieu du bivouac de ces troupes, le général en chef Barklay de Tolly avait établi son quartier général.

Le premier corps autrichien (comte Collorédo) ne s'était porté que jusqu'à Borna, où il campa au-delà de la ville.

Le quartier-général de l'empereur de Russie et du prince de Schwarzenberg était établi à Rotha.

Celui du roi de Prusse à Borna.

L'empereur d'Autriche séjournait à Pégau.

Armée de Pologne.

——

(16 octobre.)

Le général Benningsen reçut ordre de s'avancer à marches forcées pour prendre part à la bataille de Leipzig. L'avant-garde du comte Stroganow et le quartier-général de Benningsen n'arrivèrent qu'à minuit à Grimma.

Le corps du général Dochtorow, après avoir marché la nuit, ne fit son entrée à Grimma que le 17 octobre à 6 heures du matin.

Le général Kreutz attaqua l'ennemi à Wurzen, et se rendit maître de cette place après une vive résistance.

Armée de Silésie.

——

(16 octobre.)

Le général en chef Blücher avait prescrit les dispositions ci-après :

« Le 16 octobre, à 6 heures du matin, la cavalerie de réserve des trois corps et l'artillerie légère se mettront en marche ainsi qu'il suit :

« La cavalerie de réserve du corps d'York, sur la grande route de Leipzig ; dès qu'elle aura atteint la cavalerie de l'avant-garde, celle-ci prendra la tête et se dirigera sur Leipzig.

« La cavalerie de réserve du corps de Langeron marchera par Radefeld et Lindenthal, et la cavalerie de l'avant-garde prendra également la tête.

« Cependant, avant le départ de cette cavalerie, il faut qu'on ait reçu préalablement des rapports indiquant la position de l'ennemi près Duben, et s'il occupe Dolitz.

« La cavalerie de réserve et de l'avant-garde, ainsi que l'artillerie légère du corps de Sacken, suivront la cavalerie du corps d'York, se dirigeant par Skeuditz sur Leipzig.

« Je me tiendrai à la tête de cette cavalerie.

« S'il arrivait que l'ennemi n'eût point pris position en-deçà de la Partha, la cavalerie de réserve du corps d'York se formera entre Mokern et Gohlis, la cavalerie de réserve du corps de Langeron en-deçà de Wetterisch, et l'avant-garde marchera à la découverte de l'ennemi. On me fera connaître sa position, soit derrière la Partha, soit sur la route de Duben.

« L'infanterie fera la soupe demain de très bonne heure, afin de pouvoir partir à 10 heures. Un officier d'ordonnance de chaque corps me suivra pour transmettre les ordres aux commandants des corps respectifs. »

Signé : BLUCHER.

Vers les 8 heures du matin, le général Blücher arriva sur les hauteurs de Litschena, et il apprit que l'ennemi occupait Lindenau avec environ 1,200 chevaux et de l'infanterie, mais qu'on ne pouvait connaître précisément sa force, attendu qu'il était masqué par la forêt.

Alors le général Blücher poussa lui-même une reconnaissance : il lui fut rapporté que l'ennemi occupait depuis plusieurs jours avec de l'infanterie le village de Moeckern sur la grande route de Leipzig, et que, toutes les fois que les alliés approchaient, il quittait ce village et se retirait sur Gohlis. On attendit donc, avant de pousser plus avant, la cavalerie du général Langeron ; mais celle-ci envoya dire qu'elle ne pouvait avancer, attendu que la position du village de Radenfeld était occupée par toutes les forces des Français.

Cet état de choses suggéra au général Blücher les réflexions suivantes :

Entre l'Ober et l'arc de la Mulde, depuis Jessnitz jusqu'à Wurtzen, est située la grande plaine de Breitenfeld, où Gustave-Adolphe battit, le 17 septembre 1631, le général Tilly. Cette plaine offre des avantages assez grands à l'ennemi pour qu'il y accepte la bataille. Son aile droite se trouve couverte par l'Ober et par les défilés de Bitterfeld et de Dolitsch, son aile gauche est appuyée à la Partha et au défilé de Tauche ; le village de Radefeld domine toute la plaine ; on peut de ce point distinguer à une grande distance les clochers des nombreux villages jusque près de Wittenberg. Cette hauteur s'étend à droite jusqu'à la Partha, petite rivière qui coule à travers des bas fonds garnis de saules, tandis qu'à gauche elle s'étend jusqu'à Moeckern sur l'Elster, et n'est coupée que par trois passages très étroits, savoir : les routes de Eutritsch, de Lindenthal et de Moeckern.

L'ennemi, ayant donc occupé le terrain qui domine Radenfeld et abandonné l'armée de Silésie, la route de Leipzig jusqu'au-delà de Litchena, ainsi que la hauteur qui s'étend vers Lindenthal (ce qui approche cette armée plus près de Leipzig que ne l'étaient les troupes françaises postées à Radefeld), le général Blücher en conclut que les forces principales des Français devaient occuper la grande plaine indiquée ci-dessus, et qu'il y accepterait indubitablement la bataille.

D'après toutes ces considérations, il était d'une extrême importance qu'on s'assurât avant tout du terrain qui domine Radefeld, pour donner de là à l'armée de Silésie la direction qui offrait le plus d'avantage pour commencer le combat.

Des corps Français, savoir : le sixième (Marmont), le septième (Regnier) et le troisième (Ney), étaient postés près des villages de Moeckern et d'Eutrisch, entre l'Elster et la Partha ; leur avant-garde seule avait occupé les villages de Lindenthal et de Radenfeld ; mais comme de ce côté aucun mouvement hostile n'avait encore eu lieu à 10 heures du matin, le troisième corps (Ney), qui formait l'aile droite, partit pour soutenir Connewitz.

Le général Blücher donna les ordres suivants au corps d'armée de Silésie :

« L'infanterie se mettra de suite en marche.

« Le corps du général Langeron attaquera Frienroda, et ensuite Radefeld.

« Le corps de Sacken le suivra comme réserve.

« Le corps d'York se portera sur Leipzig, et tournera à gauche près de Litschena pour l'attaque de Lindenthal. L'infanterie de l'avant-garde d'York restera sur la grande route de Leipzig.

« Le général Saint-Priest viendra se réunir au corps de Langeron et le suivra immédiatement.

« Je me tiendrai moi-même sur les hauteurs de Litschena et de Radefeld. »

Signé : BLUCHER.

L'infanterie des trois corps de l'armée de Silésie se mit en mouvement, et le premier corps prussien reçut du général York les ordres suivants :

« Le premier corps se dirigera à gauche ; aussitôt qu'il sera arrivé au point où la grande route décrit une courbe, à gauche, la huitième brigade formera l'aile droite pour l'attaque de Lindenthal. Le général Hunerbein dirigera l'attaque suivant les circonstances, et, si le terrain le permet, elle devra s'exécuter par trois bataillons, et principalement sur les flancs du village ; deux autres bataillons de la brigade serviront d'appui.

« La septième brigade exécutera le même mouvement que la huitième, et suivra en échelons l'attaque du général Hunerbein. La deuxième brigade se formera en arrière de ces deux brigades d'attaque, pour leur servir de soutien au besoin.

« La première brigade, n'étant composée que de troupes de ligne, deviendra la dernière réserve. Toutes ensemble se formeront en colonnes par bataillons en échiquier, de manière à présenter deux lignes.

« Le gros du corps se mettra aussitôt en marche de sa position derrière Skeudiz. L'avant-garde, sous les ordres du colonel Katzler, et la réserve de cavalerie, sous ceux du colonel Jurgass, sont déjà arrivées à Litschna et sur les hauteurs de Lindenthal. »

Signé : YORK.

Le premier corps d'armée comptait, d'après le rapport de ce jour, 21,429 hommes sous les armes.

Le corps du général Langeron marcha à l'ennemi, le chassa de Freirode et de Radefeld, et se dirigea ensuite sur la grande route, qui conduit de Landsberg à Leipzig. Les Français avaient dressé une batterie près le bois de Lindenthal ; mais bientôt, atteints par le feu d'une artillerie supérieure, ils furent contraints de se retirer.

Le général Langeron marcha par Breitenfeld vers Gross-Wetterisch, et de leur côté les Français, abandonnant le bois de Lindenthal, se replièrent, contre toute attente, sur le village. Le général Blücher, prévoyant bien alors que l'ennemi ne chercherait pas à se maintenir à Lindenthal, ordonna au général Langeron de le poursuivre avec toutes ses forces à travers la forêt, et au général Sacken de continuer à occuper avec son infanterie la hauteur de Radefeld, point principal de tous les mouvements qui s'exécutaient, tandis que sa cavalerie irait joindre le général York.

Il s'agissait alors de savoir si les environs de Podelwitz ne se trouveraient pas occupés par des forces ennemies qui, en s'avançant à l'improviste, pourraient attaquer et tourner facilement l'aile gauche de l'armée de Silésie. Dans ce cas, la réserve du général Sacken avait ordre de contenir les Français et de prendre connaissance des environs de Hohenossig et Podelwitz.

Lorsque la colonne du général Langeron se fut avancée par Breitenfed, des détachements ennemis se montrèrent dans la direction de Leipzig, et les villages de Gross et de Klein-Wetterisch étaient aussi occupés par une nombreuse infanterie française ; alors le général Langeron ordonna à sa cavalerie et à l'artillerie légère de se porter en avant pour contenir ces détachements, tandis qu'il attaquerait lui même avec son infanterie, les villages de Gross et de Klein-Wetterisch. Mais, par une méprise inconcevable, la cavalerie de Saken suivit l'aile gauche au lieu de l'aile droite, et elle laissa à sa gauche Lindenthal et le ruisseau qui serpente jusqu'à Wetterisch.

L'avant-garde du premier corps prussien, commandée par

le colonel Katzler, attaqua les avant-postes de l'ennemi placés tant devant Lindenthal que sur la lisière du bois, et elle
parvint à les repousser. Après un échange de quelques coups
de canon, les Français abandonnèrent le village tout à fait
et le bois, et se replièrent sur les hauteurs, entre Lindenthal et Wahren, où ils avaient élevé quelques retranchements. Un feu d'artillerie, de courte durée à la vérité, mais
dirigé avec vigueur par les Prussiens, leur ayant fait encore
quitter cette position, ils concentrèrent toutes leurs forces
sur les hauteurs, entre Eutritsch et Moeckern, de manière
que ce dernier village couvrit leur aile gauche. En même
temps, le major de Hiller s'avança par la grande route de
Litschena jusqu'auprès de Wahren avec huit bataillons
d'infanterie de l'avant-garde, et, après un léger combat, l'ennemi, chassé de ce dernier village, se replia sur Moeckern
qui était occupé, comme point d'appui de son aile gauche,
par une infanterie considérable, et derrière lequel encore
de nombreuses colonnes, formées en masses serrées, se
trouvaient prêtes à agir, tant le point semblait important.
L'infanterie d'York marcha sur la grande route de Skeuditz
à Leipzig, elle la quitta ensuite près de la tuilerie de Litschena, et, prenant à gauche, poussa sur Lindental; la
huitième et la septième brigades firent leurs dispositions d'attaque de Lindenthal, et la deuxième et la première furent chargées d'appuyer le mouvement. L'ennemi
ne tint pas, il évacua presque aussitôt la position et fut suivi
par le premier corps prussien qui, se dirigeant plus sur la
droite, aborda l'infanterie de son avant-garde, dont l'aile
droite s'appuyait sur l'Elster. Ce mouvement, à droite du
premier corps, forma un grand intervalle entre lui et le corps
du général Langeron, près Wetteritsch. Dès que le général Blücher s'en fut aperçu, il envoya d'abord la ca-

valerie de réserve du général Wassilschikow du corps de Sacken, et il ordonna en même temps au huitième corps d'infanterie russe (comte Saint-Priest) de passer le ruisseau qui coule de Lindenthal à Wetteritsch ; de s'avancer sur la grande route de Lindenthal à Leipzig, et d'attaquer les Français dans leur position entre Eutrisch et l'Elster, avec un feu d'artillerie bien nourri. On estimait les forces de l'ennemi à 25,000 hommes avec 80 pièces d'artillerie.

Les batteries de la septième et de la huitième brigade, soutenues par une batterie de réserve, dirigèrent leur feu sur l'artillerie de l'aile droite de l'ennemi, et l'infanterie de l'avant-garde, sous les ordres du major Hiller, attaqua le village de Moeckern ; le combat devint très vif et très sanglant, car le général York sentit que le sort de la bataille dépendait de la possession de Moeckern et des hauteurs voisines, et que si les Français parvenaient à s'avancer sur ce point, la bataille serait infailliblement perdue.

La deuxième brigade du major Hiller fut donc envoyée à droite vers la grande route de Leipzig, et la première brigade se plaça en réserve derrière la deuxième. Les septième et huitième brigades reçurent ordre de se tenir toujours sur la droite en avançant, et de rester, en attaquant, constamment liées à l'aile droite. Le lieutenant-colonel Schmidt les appuya par deux batteries de 12, et l'artillerie fut placée sur une hauteur très avantageuse et d'où elle pouvait balayer une partie de la position française.

Les bataillons de l'avant-garde combattirent avec une brillante valeur pour la possession de Moeckern, le village fut deux fois pris et repris, la perte était considérable des deux côtés. Enfin, l'ennemi, cédant à une troisième attaque exécutée par les bataillons de grenadiers, abandonna le village après l'avoir incendié ; mais les bataillons prussiens, déjà très affaiblis, y furent accueillis par une grêle de balles si terrible qu'ils ne purent pénétrer au-delà. Les Français traînaient encore à la suite de leur aile gauche une batterie de 50 pièces.

Le combat qui eut lieu sur l'aile gauche du corps prussien n'était pas, à beaucoup près, si acharné. On se bornait à un échange de quelques coups de canon assez vifs. Le général York ne pouvait porter cette aile plus en avant, attendu que le corps de Langeron avec lequel il devait rester lié sur la gauche, étant encore très en arrière, il eût été imprudent de compter sur son appui ; l'aile gauche ne pouvait avancer qu'après que les Français auraient été complétement battus à Moeckern.

Mais, de son côté, l'ennemi, qui pouvait très bien observer de la hauteur où il était placé les mouvements de l'armée de Silésie, réunit toutes ses forces derrière Moeckern, fit avancer de Gohlis toutes ses réserves, et commença un feu d'artillerie de plus de 50 pièces, tandis que sa nombreuse infanterie marcha en colonnes sur le village.

La perte des bataillons prussiens était immense ; le major Hiller et tous les commandants de bataillon étaient blessés, la terre était jonchée de morts et de mourants, une batterie de l'avant-garde ne put résister au feu meurtrier de l'ennemi. Ce fut dans ce moment critique que le prince Charles de Mecklembourg-Strélitz parut avec sa brigade. Faisant aussitôt croiser la baïonnette, il marcha aux Français avec une grande bravoure, que le lieutenant-colonel Schmidt seconda encore très efficacement en dirigeant sur eux le feu de l'artillerie de réserve.

Déjà l'ennemi avait pénétré dans le village, sans pouvoir cependant parvenir à en expulser entièrement les troupes prussiennes ; on combattit des deux côtés avec un égal acharnement. Les Français furent arrêtés par la deuxième brigade : le feu était roulant ; le prince Charles de Mecklembourg, le lieutenant-colonel de Lobenthal, ainsi que tous les officiers supérieurs de la deuxième brigade furent blessés; néanmoins, ces vaillants bataillons, quoique réduits à une poignée d'hommes, continuèrent courageuse· ment à tenir tête à l'ennemi.

Tandis que la bataille, malgré le sang qu'elle avait coûté, restait encore indécise, la septième et la huitième brigades se portèrent en avant sur l'aile gauche ; mais, sur ce point comme sur les autres, les Français étaient en présence et répondaient par un feu de mousqueterie bien nourri. Ils renouvelèrent ensuite leur attaque sur Moeckern. La position du premier corps prussien devint alors extrêmement critique. Toutes les troupes, la première brigade exceptée, se trouvaient engagées, et il ne restait que l'alternative ou de faire marcher cette brigade au combat, ou de prendre la fuite.

Le général Yorck, voulant tenter un dernier effort, fit avancer la première brigade du colonel Steinmetz, et envoya demander en même temps du secours au général Blücher. Celui-ci, auquel le général Emmanuel avait mandé récemment qu'on ne découvrait plus aucun ennemi ni à Podelwitz ni à Hohenossig, ni sur la route de Düben, n'hésita pas, d'après cela, à ordonner au général Sacken de se porter sur Moekern, quoiqu'il fût cependant hors de toute probabilité que ce général y pût arriver avant la décision de l'affaire.

Le colonel Steinmetz avança au pas de charge ; il arrêta les progrès de l'ennemi, et les bataillons de l'avant-garde, exténués de fatigue, obtinrent quelques instants de repos. La balance du combat fut même rétablie, mais il recommença bientôt avec une nouvelle ardeur, et comme les Français avaient continué d'occuper une partie du village de Moeckern, ils firent, des maisons et des murs derrière lesquels ils s'étaient retranchés, un feu terrible sur la première brigade prussienne qui essuya une grande perte.

Le colonel Steinmetz fut blessé, et ses efforts pour gagner la hauteur échouèrent contre le courage inébranlable de ses adversaires. Ce fut alors que le major Sohr, se précipitant à la tête du régiment de hussards de Brandebourg, avec autant d'audace que d'à-propos, sur l'infanterie française, mit, par cette attaque imprévue et subite, le désordre dans ses premiers rangs. Le moment critique était arrivé, il ne fallait pas laisser à l'ennemi le temps de se remettre de sa frayeur.

Aussi, le général Yorck fit avancer de suite toute la cavalerie, et donna à l'infanterie ses ordres pour l'attaque générale : en un clin d'œil, toutes les troupes se précipitèrent sur les Français qui, en cédant à cette vigoureuse attaque, traînèrent leur artillerie dans le plus grand désordre à Schleppthan où elle leur fut bientôt enlevée. Dans le même temps, leur aile droite, attaquée à la baïonnette par les généraux Hünerbein et Horn, fut également culbutée de ce côté et forcée à la retraite. Les soldats de marine de la garde française, formés en carrés, cherchèrent seuls à se maintenir. Tout ce qui, dans ce désordre, ne fut pas sabré par la cavalerie, fut poursuivi à la baïonnette par l'infanterie et fait prisonnier. Enfin la déroute de l'ennemi était complète lorsqu'il se retira sur les villages de Gohlis et d'Eutrisch ; la victoire était donc restée sans contredit aux Prussiens, mais la nuit jointe à l'épuisement des troupes arrêta leurs poursuites ultérieures.

Dans cette affaire la perte des Français fut considérable :

trois drapeaux (dont un de la garde), 53 pièces de canon, un grand nombre de chariots de munitions et plus de 2000 prisonniers restèrent au pouvoir des Prussiens.

Le maréchal Marmont, les généraux Compans, Frédérich et plusieurs autres furent blessés.

Cette sanglante victoire avait coûté au premier corps prussien, tant en tués qu'en blessés, 172 officiers et 5,508 sous-officiers et soldats ; on ne comprend pas dans ce nombre ceux qui, légèrement blessés, étaient restés dans les rangs.

O ma patrie ! daigne jeter un regard sur les nobles victimes qui ont combattu pour ton indépendance ! Et que ta mémoire reconnaissante conserve avec amour le nom des héros qui sont tombés, comme celui de ceux qui vivent encore !

Le corps du général Langeron avait aussi honorablement rempli sa mission : son infanterie emporta les villages de Gross et de Klein-Wetterisch ; sa cavalerie inquiéta aussi vivement, durant ces mêmes attaques, les détachements français, marchant de Düben sur Leipzig, et par plusieurs charges bien exécutées, elle les empêcha de se réunir au sixième corps (Marmont) qui combattait à Moeckern. Ce fut avec le septième corps (Regnier) que Langeron en vint aux mains ; il lui enleva 11 canons et lui fit beaucoup de prisonniers. Ce corps aurait pu appuyer celui d'Yorck, mais son chef avait trop à craindre d'être tourné sur son flanc gauche.

Le corps du général Sacken, bien qu'il accourut de Radefeld avec toute la diligence possible, n'arriva cependant à Moeckern qu'après l'issue de l'affaire.

Vers le soir, l'armée de Silésie prit la position suivante : le quartier-général de Blücher s'établit à Gross-Wetterisch le corps d'Yorck resta sur le champ de bataille de Moeckern; le corps de Sacken forma derrière lui la seconde ligne et la réserve;

Le corps de Langeron occupa la position près Wetterisch.

Ce fut aussi vers le soir que le maréchal Ney, après avoir perdu toute la journée en marches et contre-marches inutiles, se dirigea avec le troisième corps français sur l'aile droite du sixième; mais ce fut trop tard, car le combat était terminé. Ces deux corps passèrent dans la soirée la Partha, près de Schoenfeld; les maréchaux Ney et Marmont établirent leur quartier-général au château de Schonfeld, et les villages de Gohlis, Entritsch et Moeckern ne restèrent que faiblement occupés. La cavalerie du duc de Padoue et du général Dombrowsky s'était retirée jusqu'à Plaffendorf et jusqu'à la maison de l'exécuteur des hautes œuvres, non loin de la porte de Leipzig dite Garber-thor.

Armée du Nord.

Le 16 octobre, le prince royal de Suède quitta les environs de Halle et s'avança jusqu'à Landsberg; cependant il ne partit que très tard dans l'après-midi, et après s'être bien assuré qu'aucun corps français ne se trouvait plus ni à Wittemberg ni à Dessau. L'armée du Nord s'était ainsi placée en seconde ligne, probablement pour être plus à même, en cas de revers, de soutenir l'armée de Silésie.

17 octobre.

Armée principale de Bohême.

Dès le grand matin, cette armée se forma en ordre de bataille. Les avant-postes ennemis n'étaient, dans plusieurs endroits, éloignés les uns des autres que d'une portée de fusil. Au point du jour, en entendit battre la générale au camp français, et immédiatement après on vit paraître su les hauteurs de Gossa des masses considérables d'in-fanterie et une ligne formidable de cavalerie, près Liebertwolkwitz.

Il y avait tout lieu de croire que l'on voulait tenter une nouvelle attaque sur le village de Gossa.

En conséquence, le général en chef Barklay fit marcher la douzième brigade prussienne sur Gossa, où elle réunit la dixième dont quelques bataillons avaient quitté le village pour se former à droite. La neuvième brigade était placée en réserve derrière le deuxième corps d'infanterie russe, entre Gossa et Magdeborn ; la onzième brigade occupait le village de Gross-Posna avec deux bataillons ; la brigade de cavalerie de réserve était en position entre Stormthal et Gossa, et le général Kleist établit son quartier-général à Gossa.

Mais, contre toute attente, les troupes françaises n'attaquèrent pas, et l'empereur de Russie, le roi de Prusse et le prince Schwartzenberg, qui se trouvaient sur le champ de bataille depuis la pointe du jour, ordonnèrent que de leur côté on suspendît également l'attaque jusque dans l'après-midi, temps présumé de l'arrivée du premier corps autrichien (Colloredo), et du corps de Pologne aux ordres du général Benningsen. Ce retard était d'autant mieux motivé, que les souverains n'avaient encore reçu aucune nouvelle du succès remporté la veille par le général Blücher, ni de la marche de l'armée du Nord.

Le premier corps autrichien (Collorédo) arriva en effet à 11 heures du matin ; il se plaça en première ligne entre Mark-Kleeberg et Dolitz, et étendit son aile gauche jusqu'à la Pleisse. Les grenadiers autrichiens, ainsi que la division Bianchy et plusieurs lignes de cavalerie, vinrent se former en réserve à quelque distance en arrière.

A 3 h. de l'après midi, le feld-maréchal prince de Schwartzenberg fit appeler près de lui sur la hauteur de Gossa les différents commandants des corps sous ses ordres, et leur communiqua en présence des monarques; les dispositions qu'il avait prises pour une attaque sur trois colonnes principales; mais ses généraux ne s'étaient pas encore séparés, lorsque le colonel Goltz, aide-de-camp du général Blücher, arriva, apportant au roi de Prusse la nouvelle de la glorieuse victoire remportée par le premier corps prussien sous le commandement du général Yorck ; cet officier supérieur annonça également la présence du prince royal de Suède à Breitenfeld, et dans le même temps encore un message du général Benningsen informait l'empereur de Russie de son arrivée à Fuchshayn avec 4,000 hommes de l'avant-garde du général Stroganof, ajoutant que le gros de son armée, quoique encore en arrière, et exténué de fatigue, se trouvait cependant prêt à combattre avec les troupes de l'avant-garde.

D'après cela, on renonça à toute attaque pour la journée, et on la différa jusqu'au lendemain 7 heures, et avec tous les corps alliés réunis.

Le nombre des combattants s'augmenta dans cette journée de plus de 100,000 hommes; les troupes qui avaient donné la veille reprirent des forces dans quelques heures de repos. On remplaça les munitions, et tout fut prêt enfin pour la grande bataille dans laquelle la cause des peuples allait se décider.

L'armée principale de Bohême resta dans sa position.

L'empereur de Russie et le prince de Schwartzenberg retournèrent sur le soir à Rotha, où arriva aussi l'empereur d'Autriche; le roi de Prusse retourna à Borne, et le général Barklay établit son quartier-général au village de Stormthal.

Armée de Pologne.

Les troupes de l'avant-garde du général Stroganof continuèrent de bonne heure leur marche de Grimma; le détachement russe du général Kreuz se réunit à lui, et quelques heures après, la deuxième division autrichienne (Bubna) en fit autant auprès de Moeckern avec le corps du général Dochtorow. Vers midi, le général en chef Benningsen arriva avec son avant-garde à Fuchshayn sur l'aile droite de l'armée, et son premier soin fut de reconnaître la position de l'ennemi. Il reçut d'abord ordre d'attaquer à 2 heures de l'après-midi; mais cette attaque ayant été remise au

lendemain à 7 heures, l'empereur de Russie lui fit dire :
« C'est demain l'anniversaire de Tarontino, où le général
Benningsen a augmenté sa réputation militaire ; c'est un
heureux présage pour les hauts faits d'armes qu'on doit
attendre de lui dans cette journée décisive. »

La cavalerie du général Stroganof se forma entre Sey-
fertshayn et Fuchshayn, et le détachement du général
Kreutz se plaça en avant de ce dernier village.

Le corps de Dochtorow était posté entre Fuchshayn et
Naunhof. La deuxième division légère autrichienne (comte
Bubna) arrivée à Moeckern, reçut ordre de marcher le lendemain à la pointe du jour par Brandeis et Bichau, afin de
se réunir pour l'attaque à l'armée de Pologne.

Les officiers d'état-major étaient chargés d'indiquer les
routes, et de veiller à ce qu'elles se trouvassent praticables
autant que possible.

Armée de Silésie.

Dès la pointe du jour, le général Blücher se rendit aux
avant-postes dans la direction de Leipzig.

Le corps de Sacken entra en première ligne à Moeckern.

Le corps d'Yorck, destiné à former la réserve, rétrograda
jusqu'au camp de Wahren, tant pour se procurer quelque
repos que pour se reformer et réparer les pertes de la journée précédente.

De deux bataillons, à peine en avait-on pu former un

seul, et de quatre brigades, deux divisions ; la première et
la huitième brigade composèrent la première division aux
ordres du général Hunerbein ; la deuxième et la septième
brigade, la deuxième division sous ceux du général Horn.

Les Français occupaient encore les villages d'Eutritsch
et de Gohlis, ainsi que le ruisseau qui coule entre ces
deux villages. Le général Blücher fit avancer une partie
du corps de Langeron, et, durant le combat qui s'engagea
entre des troupes légères, le village d'Eutritsch fut tourné
du côté de Wetteritsch.

Alors l'ennemi abandonna Eutritsch et prit position, son
aile droite vers Schoenfeld, et son aile gauche vers Gohlis. Il
éleva des retranchements entre ces villages et Leipzig. Le
général Blücher fit attaquer Gohlis par l'infanterie de Sacken
et la deuxième division de hussards russes, ainsi que les
cosaques de Wassilschikow, chargèrent la cavalerie du duc
de Padoue à l'aile droite des Français. Cette attaque eut lieu
entre Eutritsch et Schoenfeld, et la cavalerie des alliés fut
accueillie par un feu roulant. Mais dès que le général Wassilschikow fut à portée, il se précipita avec deux régiments
de hussards sur la cavalerie française qui s'enfuit à toute
bride derrière la ligne de son infanterie et de son artillerie
vers un faubourg de Leipzig. Les hussards la poursuivirent
au galop, l'atteignirent non loin de la ville, la sabrèrent, lui
firent éprouver une grande perte en hommes tués, blessés
et prisonniers, et lui enlevèrent 5 pièces de canon. La ligne
d'infanterie française derrière laquelle cette charge fut
exécutée, s'étant formée en carrés, dirigea le feu de son
artillerie sur tous les points. Mais les hussards russes firent marcher au milieu d'eux leurs prisonniers et les pièces
qu'ils avaient conquises, et se replièrent, malgré la fusillade
de l'infanterie française, sur leur corps principal. Cette bril-

lante charge, exécutée avec une audace sans pareille, est peut-être un des plus beaux faits d'armes de cette campagne.

L'ennemi défendit Gohlis avec une opiniâtreté telle , que le général Yorck fut contraint de faire avancer de nouveau une partie de son infanterie en réserve près Wahren ; cependant, à la fin, les Français furent chassés de Gohlis et rejetés jusque dans les faubourgs de Leipzig.

En ce moment, le général Blücher ayant reçu avis que l'armée de Bohême ne recommencerait l'attaque que le lendemain, et que l'armée du Nord allait enfin avancer, il jugea nécessaire d'interrompre le combat livré par l'armée de Silésie, et de remettre toutes les attaques projetées au lendemain. Ce retard était d'autant plus sage que les Français avaient déjà entièrement évacué la rive droite de la Partha, excepté cependant quelques maisons et quelques retranchements élevés près la porte dite de Halle à Leipzig. D'ailleurs la continuation de l'attaque aurait commandé d'autres dispositions, et il eût fallu nécessairement forcer le passage sur la Partha dont la rive gauche, depuis Taucha jusqu'à Leipzig, était encore occupée par les Français. Tout près de Leipzig ce passage offrait de grandes difficultés, attendu que l'ennemi avait concentré toutes ses forces sur ce point. Auprès de Taucha , il semblait beaucoup plus praticable , et alors l'ennemi , contraint de retirer son aile droite , aurait tout à fait abandonné les rives de la Partha.

L'armée de Silésie resta dans sa position.

Armée du Nord.

A deux heures du matin, d'après les ordres du prince royal de Suède, l'armée du Nord partit de Landsberg, dans l'attente que la bataille livrée près de Leipzig allait recommencer dans la journée.

Déjà, à huit heures du matin, elle était arrivée sur les hauteurs entre Breitenfeld et Klein Podelwitz, où elle entra dans le camp. Quelques heures avant, le général Winzingerode étant arrivé avec une avant-garde de 4 à 500 chevaux, et s'étant porté sur la Taucha, enleva ce village et y fit prisonniers 3 officiers et 400 hommes. Mais, quelques heures après, une partie du septième corps français (Regnier) reprit Taucha qui fut occupé par de l'infanterie saxonne. Le prince royal de Suède établit son quartier-général à Milkou.

Lorsque ce prince reçut la veille (16 octobre) la double nouvelle de la victoire remportée à Moeckern et celle du combat livré par l'armée de Bohême à Connewitz et à Wachau, il se détermina enfin à avancer, et il manifesta au général Blücher le désir d'entrer dans l'ordre de bataille arrêté primitivement, d'après lequel l'armée du Nord devait tenir la droite.

Le 10 octobre, le général Blücher, malgré les grands obstacles qu'il avait à surmonter, avait cédé au désir du prince de Suède qui lui demandait à le remplacer et à occuper avec son corps l'aile droite de l'armée. Cette condescendance permit au général de s'approcher plus près de l'ennemi. Ce

mouvement doit être regardé comme très heureux, et comme
ayant puissamment contribué au succès de la campagne ;
car autrement les forces ennemies, entièrement détruites au
combat de Moeckern, ne l'eussent peut-être pas été, et Leipzig,
par la même raison, ne se fût pas trouvé aussi étroitement
cerné. Mais, pour le présent, le général Blücher, considérant
un pareil remplacement dans la position entre la Partha et
la Pleisse comme une pure perte de temps, et comme
n'ayant aucun but ; jugeant d'ailleurs cette position très serrée, plus propre à l'armée de Silésie, composée de 50,000 hommes, qu'à l'armée du Nord, forte de 80,000, refusa de céder
aux prétentions du prince et lui déclara que, dans l'intérêt
général, il fallait absolument que l'armée du Nord passât la
Partha à Taucha, que l'armée de Silésie appuierait ensuite
cette attaque de toutes ses forces.

L'armée française avait également conservé sa position ;
cependant, lorsqu'on vit, dans l'après-midi, des masses considérables d'infanterie se retirer par la gauche du bois et du
village de Wachau, on fut porté à croire que l'ennemi allait
opérer une retraite générale.

Ce qu'on n'a jamais pu comprendre dans cette journée,
c'est le motif pour lequel l'empereur Napoléon n'entreprit
pas sa retraite par Weissenfels derrière la Saale, ou n'attaqua
pas l'armée principale des alliés. Instruit qu'il était de l'arrivée prochaine des forces considérables du prince royal de
Suède, de Benningsen et de Colloredo, pouvait-il raisonna-
blement compter pour le lendemain sur une victoire qu'il
n'avait pas pu remporter la veille, et avant que les alliés
eussent reçu leurs renforts de 100,000 hommes ?

On prétend que ses maréchaux lui avaient, à l'unanimité
et à différentes reprises, donné le conseil de livrer bataille
dans la journée même ou de se retirer, mais que Napoléon

avait constamment soutenu avec opiniâtreté que son armée avait besoin de repos, qu'il fallait reformer les corps qui avaient le plus souffert, remplacer les munitions et reconnaître de plus près les points d'attaque et la position des adversaires. C'est à l'histoire qu'il appartient de faire cesser un jour toute incertitude à cet égard.

Dans la nuit du 17 au 18 octobre, Leipzig vit plus de 500,000 guerriers campés dans ses plaines. Jamais pareil spectacle n'avait frappé nos ancêtres. Le ciel était rougi par les feux des bivouacs innombrables qui couvraient la terre ; toute la chaîne des riants villages et des jardins pittoresques qui entourent Leipzig était détruite et remplacée par un cercle de fer au milieu duquel le sort de l'Europe allait être décidé par des flots de sang. La nuit fut courte et pluvieuse. On la passa généralement en jetant un regard sur le passé, et en envisageant l'avenir, la mort même avec le calme que donnent l'espérance et la confiance en Dieu et dans une bonne cause !

Bataille de Leipzig (18 octobre 1813).

L'empereur Napoléon qui s'attendait à l'attaque des armées alliées dans la journée fit, pendant la nuit, avancer de Wachau et de Liebertwolkwitz, à la distance d'une lieue environ de Leipzig, les deuxième, cinquième et onzième corps. Dès deux heures du matin, toute son armée était sous les armes et dans la position suivante :

L'aile droite, commandée par le roi de Naples, et formée des huitième, deuxième et cinquième corps, était répartie comme il suit :

Le huitième corps, aux ordres du prince Poniatowsky, à Connewitz.

Le deuxième corps (Victor), à Probstheyde, et le cinquième corps (Lauriston), à Stotteritz. Le maréchal Oudinot formait à Connewitz la réserve de l'aile droite avec deux divisions de la jeune garde, dont de forts détachements étaient placés en avant de la ligne de bataille et occupaient les villages de Dolitz, Dossen, Zuckelhauser, la ferme de Meisdorf et la tuilerie sur la route de Liebertwolkwitz.

Le centre, composé du onzième corps (Macdonald), était en position près de Hobzhausen ; des détachements de ces corps avaient occupé dès le matin les villages de Klein-Posna et de Baalsdorf, et les communications avec l'aile gauche se trouvaient maintenues par Zweinauendorf et par Molkau. La garde était placée sur le Thorberg, près le moulin à tabac de Quandt, où l'empereur Napoléon se tint une grande partie de la journée. Le maréchal Mortier garda toutes les avenues de Leipzig.

Le général de brigade Bertrand, en sa qualité de commandant de Leipzig, avait la surveillance de l'intérieur de la ville.

L'aile gauche était sous les ordres du général Ney.

Le sixième corps (Marmont) était près de Schoenfeld.

Le troisième corps (Souham) à Meutsch et à Theklakirch.

Le septième corps (Regnier) à Paunsdorf ; il occupait aussi Taucha.

Au côté nord de Leipzig, dans le faubourg de Halle, de-

puis la porte dite de Rosenthal jusqu'à la ferme de Plaffendorf, se développait la cavalerie du duc de Padoue et du général Dombrowsky.

Dès le matin, à trois heures, l'empereur Napoléon se rendit en personne à Lindenau vers le quatrième corps du général Bertrand, et lui ordonna de marcher sur la route de
Lutzen à Weissenfels et d'occuper le pont sur la Saale, près
de cette dernière ville ; il paraît que, seulement alors, l'idée
lui vint qu'il pourrait bien arriver qu'il fût forcé à la retraite.
De là, Napoléon vola à Reudnitz, où, depuis la veille, était
établi le quartier-général du maréchal Ney, et il s'entretint
avec lui pendant plus d'une heure sur les mouvements à
exécuter par l'aile gauche.

A la pointe du jour, Napoléon renvoya sur parole le général Meerfeld, fait prisonnier par les Français, avec une lettre
pour l'empereur d'Autriche dans laquelle, disait-on, il offrait de rendre aux souverains les places fortes sur l'Oder
et la Vistule, à la condition qu'ils laisseraient eux-mêmes
prendre à son armée position derrière la Saale ; il ajoutait
que, dans ces entrefaites, on pourrait signer une suspension
d'armes, et même entamer des négociations de paix.

De leur côté, les monarques alliés, ainsi que le prince de
Schwarzenberg se rendirent également à la pointe du jour
sur le champ de bataille. Toute l'armée était prête à l'attaque. Elle devait, suivant le plan arrêté, s'exécuter sur colonnes, savoir :

1° La colonne du prince de Hesse-Hombourg,
2° Celle du général russe Barklay de Tolly,
3° Celle du général russe Benningsen,
4° Celle du prince royal de Suède,
5° Celle du général prussien Blücher,
6° Celle du général autrichien Gyulay,

Ces colonnes se composaient, savoir :

1re colonne (prince de Hesse-Hombourg);

D'une division du deuxième corps d'armée autrichien (Lederer), sur la rive gauche de la Pleisse ;

Du premier corps autrichien (Coloredo),

Des divisions de réserve (Bianchy et Weissenwolf),

De la troisième division de réserve de la cavalerie autrichienne,

De la division du prince Aloyse de Lichtenstein,

sur la rive droite de la Pleisse.

Cette colonne, forte de 40,000 hommes, avait ordre d'avancer sur la rive droite de la Pleisse et sur la grande route de Mark-Kleeberg, vers Dolitz, et de se diriger avec le deuxième corps sur la rive gauche, vers Connewitz,

Deuxième colonne (Barklay de Tolly) :

Du corps russe (Wittgenstein),

Du deuxième corps prussien (Kleist),

Des corps de réserve russe et prussien, aux ordres du grand-duc Constantin et du général Milleradowitsch :

Cette colonne, forte de 55,000 hommes, devait attaquer de front Wachau et Liebertwolkwitz, et s'avancer de là vers Probstheyde.

Troisième colonne (Benningsen), armée de Pologne, comprenant :

L'avant-garde russe (Stroganof),

Le corps russe (Dochterow),

La cavalerie russe (Tschaplitz),

La deuxième division légère autrichienne (Bubna),

Le quatrième corps autrichien (Klenau),

La onzième brigade prussienne (Ziethen).

Le corps des cosaques (Platow).

Cette colonne, forte de 50,000 hommes, devait tourner l'aile gauche de l'ennemi et s'avancer de Fuchshayn vers Zukelhausen, Holzhausen et Leipzig.

Quatrième colonne (prince royal de Suède) était formée :

Du troisième corps prussien (Bulow).

De l'armée suédoise (Stedingk).

Du corps russe (Winzingerode) et

Du corps russe (Langeron) de l'armée de Silésie, où le général Blücher devait se trouver en personne.

Cette colonne était forte en tout de 96 à 100,000 hommes.

Il avait été décidé que l'armée du Nord passerait la Partha à Taucha ; mais le général Blücher, prévoyant qu'il faudrait au moins toute une journée pour effectuer sur un même point le passage d'une armée si considérable, fit franchir la Partha à Mokau au corps de Langeron qui était campé à Eutritsch.

Cinquième colonne (Blücher), armée de Silésie, se composait :

Du premier corps prussien (York).

Du corps russe (Sacken).

Ces deux corps, forts encore de 25,000 hommes après le combat de Moeckern, agissaient de concert sur Leipzig.

Sixième colonne (Gyulay) était formée :

Du troisième corps autrichien (Gyulay).

De la première division légère autrichienne (prince Maurice de Lichtenstein).

Du corps de partisans russes (Thielmann).

Cette colonne, forte de 20,000 hommes, devait avancer de nouveau de Klein Zocher vers Lindenau.

La nouvelle s'était répandue que les Français se retiraient de Wachau et de Liebertwolkwitz ; le prince de Schwarzenberg donna l'ordre d'attaquer à sept heures du matin.

Première colonne principale.

Cette colonne, sous les ordres du prince de Hesse-Hombourg, s'avança sur la rive droite de la Pleisse et se plaça sur la hauteur entre Dosen et Lossnig. La division Bianchy formait la première ligne, la division Weissenwolf, la deuxième ; immédiatement après venaient la cavalerie, la division du prince Aloys de Lichtenstein comme réserve et le premier corps autrichien (Colloredo). Les troupes ennemies, établies à Dosen, à Dolitz et à Lossnig, furent successivement repoussées : la première colonne principale marcha à la même hauteur que celle du centre, appuyant son aile gauche sur la rive droite de la Pleisse, et réunissant son aile droite aux troupes prussiennes du général Kleist. Le combat sur cette aile gauche devint bientôt très sanglant, car les troupes françaises y déployèrent un courage opiniâtre. Le vaillant prince de Hesse fut blessé à Dolitz. Le général Colloredo prit alors le commandement. Les Autrichiens s'étaient déjà avancés jusque vers Connewitz, Dolitz, Dosen, et jusqu'à la forêt sur la droite ; mais tous les efforts qu'ils firent pour passer plus en avant furent inutiles. Le combat devint de plus en plus vif, et déjà l'ennemi avait repoussé les assaillants, lorsque les divisions Wimpfen et Greth ac-

coururent pour soutenir la première ligne. Bientôt, à force
de précautions et grâce à une constance admirable, la balance fut rétablie. La division Wimpfen, placée sur la droite,
reprit le village de Dosen, et parvint à gagner la hauteur ;
malheureusement, les munitions avaient été épuisées par la
vivacité et la durée du feu, et n'étaient pas encore rempla-
cées. Mais le prince de Schwarzenberg fit avancer jusqu'à
Guatsch , au secours de ces troupes, la brigade du général
Czollich du corps de Gyulai. A l'arrivée de cette brigade,
tout danger disparut sur ce point, et on y envoya en outre
la deuxième division de la garde russe et la troisième division de cuirassiers russes.

Vers midi, le roi de Prusse , venant inspecter cette aile,
y trouva l'ordre presque entièrement rétabli. Les Autrichiens purent se maintenir dans leur position, mais toutes
leurs tentatives pour pousser plus avant furent inutiles,
car c'était là que combattait l'élite de l'armée française :
les braves Polonais et la garde impériale ; le maréchal prince
Poniatowsky et le maréchal Oudinot, intrépide guerrier
couvert de blessures, dirigeaient les mouvements avec une
rare habileté.

Deuxième colonne principale.

Cette colonne , commandée par le général Barklay de
Tolly, se mit en marche de Gossa sur deux colonnes;
savoir : le corps de Wittgenstein vers Liebertwolkwitz, et
le corps de Kleist vers Wachau. L'ennemi, comme nous
l'avons dit plus haut, avait abandonné les hauteurs de
Gossa, et laissé seulement quelques avant-postes de cava-

lerie. Lorsque la deuxième colonne principale se mit en mouvement dans l'ordre d'attaque prescrit, cette cavalerie se replia ; le terrain libre fut de suite occupé, et les troupes alliées se portèrent en masse à la rencontre des Français. Les gardes à pied russe et prussienne, les grenadiers russes, la cavalerie de la garde se dirigèrent à droite de Gossa et de Wachau vers la ferme de Meysdorf. L'empereur de Russie, le roi de Prusse, le prince Schwartzenberg se trouvaient dans cette colonne entre la première ligne et la réserve, et les souverains se chargèrent personnellement du soin d'entretenir les communications des différentes colonnes qui avançaient, et de tenir les troupes de réserve toujours à portée de soutenir au besoin la première ligne.

(*Colonne du général Wittgenstein*). Les troupes du prince de Gotschakow occupèrent d'abord le bois en clairière de la forêt de l'*Université*, et marchèrent ensuite avec le deuxième corps d'infanterie russe qui s'avança de Gossa vers Liebertwolkwitz, tandis que la cavalerie du général Pahlen, renforcée par la deuxième division de cuirassiers, maintenait là jonction entre ces troupes. L'ennemi se forma d'abord sur les hauteurs de Liebertwolkwitz, mais il en fut bientôt chassé par une vive canonnade. Il se reforma alors sur une éminence près de la tuilerie entre Liebertwolkwitz et Probstheyda; mais là encore un feu bien nourri le força à se retirer. L'infanterie des alliés précédée de son artillerie, marcha au pas de charge et au son de la musique et des tambours.

Les Français occupaient Stotteritz et Probstheyda avec une nombreuse infanterie; leur artillerie était placée en avant de ce village.

Vers le même temps, le général Pahlen reçut mission de

passer entre Zuckelhausen et Stotteritz pour tomber sur l'ennemi qui se retirait de Holzhausen dans le plus grand désordre. A cet effet, la cavalerie partit aussi de devant Probstheida et Stotteritz sous une grêle de balles, mais elle ne put atteindre les fuyards dont le trajet jusqu'à Stotteritz avait été extrêmement court. Deux escadrons de hussards de Grodno se précipitèrent sur l'artillerie des Français et lui enlevèrent quelques canons. Les hussards de Grodno et de Sumz prirent à droite de Holzhausen, l'infanterie et l'artillerie avancèrent vers Probstheyda, elles furent suivies par la deuxième division de cuirassiers et par deux escadrons de hussards de Lubny.

Le village de Probstheyda était occupé par le deuxième corps français (Victor), et une cavalerie formidable, s'appuyant avec l'aile gauche contre les avenues qui conduisent de ce village à Leipzig, se développait sur les hauteurs où est situé le moulin à vent, tandis que l'artillerie, placée avec l'aile droite à Probstheyda, dirigeait son feu vers Zuckelhausen. Il y avait également beaucoup d'infanterie et de cavalerie à Stotteritz, et à l'aile gauche une division de cuirassiers se tenait en réserve. Alors des troupes légères russes s'étant trop avancées, les cuirassiers français se précipitèrent sur elles pour les sabrer; mais le général Pahlen s'en aperçut, et les chargeant bientôt à la tête de sa cavalerie, il les rejeta jusque vers leurs batteries.

Néanmoins, le coup qu'on voulait tenter sur l'artillerie française échoua complétement. Le général Pahlen eut son cheval tué dans cette rencontre, et il reçut lui-même deux fortes contusions.

La colonne du général Kleist s'avança vers le front de Wachau avec les neuvième, dixième et douzième brigades prussiennes de la cavalerie de réserve que précédaient

50 pièces de canon ; la neuvième et la dixième brigades marchaient en première ligne, et la douzième les suivait comme réserve. La dixième brigade reçut ordre de se rendre sur les hauteurs situées devant Gossa ; mais les trouvant, ainsi que Wachau, abandonnées par l'ennemi, elle continua sa route ; la neuvième brigade, laissant Gossa à droite , suivit les deux autres comme réserve, et occupa Wachau jusqu'à ce que celles-ci se fussent portées plus en avant. Trois bataillons du 7e régiment de réserve étaient postés dans le bois derrière Wachau. La dixième brigade trouva, dans sa route, la ferme de Meysdorf encore occupée par l'ennemi. Les fusiliers du 2e régiment de la Prusse occidentale s'avancèrent et engagèrent l'action par leurs tirailleurs. En même temps deux bataillons français débouchèrent en colonnes sur la droite de la ferme , ainsi que deux escadrons qui s'étaient cachés derrière les bâtiments. Le major Hundt, voulant tenter de tourner l'ennemi et de le prendre à dos, engagea les hulans russes à seconder son attaque ; mais les Français, devinant ce projet , se retirèrent avec une telle précipitation, que le bataillon de fusiliers prussiens ne put les atteindre et se borna à tirailler.

La dixième brigade se joignit à gauche aux troupes autrichiennes ; non loin d'elle marchait le premier bataillon (Devaux). Lorsqu'ensuite elle s'avança en ligne vers Probstheyda, la douzième brigade se plaça à son côté , et la neuvième les suivit. Mais ici le corps de Kleist, comme celui de Wittgenstein, furent forcés de s'arrêter quelque temps, pour attendre le résultat de l'attaque de l'aile gauche , ainsi que l'arrivée à la même hauteur de la colonne de Benningsen, qui, ayant un chemin plus long à parcourir, ne pouvait pas arriver si promptement.

Le village de Probstheyda formait à peu près le centre et

la clé de la position de l'ennemi, et il était fortement occupé. En conséquence, le général Wittgenstein se décida à l'emporter d'assaut, ce qui n'était pas chose facile, vu que les jardins des maisons, déjà entourés de murs très hauts et très épais, étaient encore défendus par plusieurs batteries, et qu'indépendamment de cela de nombreuses troupes étaient placées en réserve et en colonnes serrées derrière Probstheyda.

Les gardes russe et prussienne, ainsi que les grenadiers, s'étaient avancés jusqu'à la hauteur, à droite de la tuilerie, par la route de Liebertwolkwitz. Non loin de cette tuilerie, à gauche sur la grande route, les trois monarques et le prince de Schwartzenberg observaient la bataille. Il était 2 heures de l'après-midi. L'attaque de Probstheyda fut commencée par le deuxième corps d'infanterie russe et par les dixième et douzième brigades prussiennes. Les deux brigades prussiennes avancèrent au pas de charge, et les tirailleurs du bataillon de fusiliers avaient déjà pénétré dans le village et atteint une batterie ennemie abandonnée, lorsque des forces supérieures les contraignirent de se replier. La douzième brigade se retira jusqu'au mur à l'extrémité du village, où elle s'arrêta et se reforma en colonnes sous ce feu meurtrier.

La dixième brigade fit avancer les tirailleurs du bataillon de fusiliers prussiens, et les autres bataillons suivirent en colonnes. Les tirailleurs escaladèrent au milieu du feu, les parapets des hautes murailles, et parvinrent à entrer dans le village; mais on vit bientôt déboucher de nouveau de nombreuses troupes françaises disposées à tomber sur l'aile gauche de la brigade. Alors le général Pirch fit exécuter par le deuxième bataillon du 2e régiment prussien une conversion à gauche, et ordonna en même temps d'attaquer de suite à la baïonnette. Cette attaque ayant été vivement soutenue par le feu d'une batterie prussienne, l'ennemi fut rejeté dans le village. Alors les deux brigades prussiennes, conduites par le prince Auguste de Prusse et par le général Pirch, renouvelèrent leur attaque sur le village de Probstheyda.

La douzième brigade, à l'exemple de son illustre chef, pénétra de nouveau dans le village, et quoique chaque ferme en fût défendue avec la plus grande opiniâtreté, elle s'empara de toute la partie qui s'étend jusqu'aux maisons rouges; mais l'ennemi, déjà infiniment supérieur, recevant alors de nouveaux renforts, cette brigade hors d'état de soutenir un combat inégal, fut forcée de se replier et se reforma à cent pas environ des murs extérieurs.

La dixième brigade (Pirch), non moins valeureuse que la douzième, renouvela également son attaque contre Probstheyda et en escalada les murs; mais enfin, déconcertée par ses pertes énormes et par la vive résistance des Français, elle abandonna le village, sans pouvoir même, faute de chevaux, emmener avec elle les pièces qu'elle avait conquises.

Le deuxième corps d'infanterie russe (prince de Wurtemberg) n'ayant pas été plus heureux que les autres dans ses attaques sur Probstheyda, les souverains ordonnèrent de retirer les bataillons du feu, et on forma la ligne de bataille plus en arrière. Ce mouvement rétrograde s'exécuta dans le plus grand ordre sous la protection des tirailleurs. La cavalerie de réserve du général Roeder se plaça sur l'aile gauche pour maintenir la communication entre la colonne du comte Colloredo; venaient ensuite les neuvième, dixième et douzième brigades prussiennes, et les premier et deuxième corps d'infanterie russe. Sur l'aile droite se trouvaient la cavalerie du général Pahlen et la deuxième division de cuirassiers russes. L'artillerie fut placée sur un point dominant, d'où elle fit éprouver de grandes pertes aux Français. De part et d'autre, le feu dura jusqu'à la nuit, et chaque fois que les Français tentèrent une sortie du village, ils furent repoussés par un feu de mousqueterie.

Au commencement de l'obscurité, on fit rétrograder de 600 pas environ les troupes placées à quelques portées de fusil de Probstheyda ; le feu de l'ennemi cessa, et il resta maître du village. Pendant la nuit, on établit tout autour une chaîne serrée d'avant-postes de troupes légères.

Troisième colonne principale (armée de Pologne).

Le général Benningsen ordonna pour l'attaque les dispositions suivantes :

« Mon intention étant de tourner l'ennemi sur son flanc gauche, pour seconder autant que possible l'attaque générale, et comme le village de Klein-Posna se trouve encore occupé par les Français, dont l'aile gauche s'étend même au-delà, l'avant-garde du général Stroganof et les troupes autrichiennes de la division Mohr attaqueront par la gauche la hauteur fortifiée dite la Redoute des Suédois, tandis que le corps du général Klénau l'attaquera de front et sur la droite. Le bois de l'Université sera en même temps pris et occupé. Deux compagnies de grosse artillerie russe, sous la protection de la treizième division d'infanterie placée à Seifertshayn, bombarderont à la fois cette hauteur, et si l'attaque obtient le succès désiré, elles s'avanceront sur la grande route de Holzhausen. La division de cavalerie du général Tschaplitz formera la seconde ligne de l'avant-garde, et au besoin elle concourra à l'attaque. La douzième et la vingt-sixième divisions d'infanterie seront dirigées, par une marche de flanc, sur le village de Klein-Possna, et achèveront de tourner les Français avec la deuxième division légère autrichienne du général Bubna, et avec le corps du comte Platow. Le comte Bubna passera la Partha au village de Beicha et le général Platow à Zwengfurth. »

Signé : Baron BENNINGSEN.

A 6 heures, les troupes de la troisième colonne principale étaient sous les armes, et les douzième et vingt-sixième divisions d'infanterie marchèrent sur Klein-Possna. A peine eut-on fait quelques pas, qu'on s'aperçut que l'ennemi avait abandonné sa position de la veille, qu'il avait retiré son aile gauche et formé sa ligne de bataille plus en arrière. Ce mouvement ne dérangea en rien les dispositions prescrites à l'aile droite pour l'attaque, si ce n'est cependant qu'on s'empara sans obstacle de la position abandonnée, et que la ligne demi-circulaire fut rétrécie.

Le général Benningsen ordonna l'attaque sur quatre colonnes ; elle commença par un feu d'artillerie très vif.

La première colonne, ou l'extrême aile gauche, se composait de la onzième brigade prussienne (Ziethen). Dès que l'ennemi eut quitté à la pointe du jour la forêt de Gross-Possna, cette brigade la fit occuper par ses tirailleurs, et Ziethen reçut ordre de maintenir, pendant le mouvement général, les communications entre le corps de Klénau et celui de Wittgenstein, laissant Liebertwolkwitz à gauche. Ce général s'avance donc à l'attaque du village de Zuckelhausen et l'enlève après une vive résistance. Ensuite, courant observer les Français à Stotteritz , il se met en mesure de les en chasser; mais Probstheyda, situé sur le flanc et défendu avec énergie, l'empêcha d'exécuter son projet. Les Français se trouvaient aussi en nombre à Stotteritz, et ils avaient outre cela beaucoup d'artillerie. On fit avancer la batterie de la onzième brigade prussienne , et le village fut vivement canonné. Vers le soir, cette brigade se retira jusqu'à Zukelhausen.

La deuxième colonne, ou le quatrième corps autrichien Klénau), marcha vers Holzhausen; ce village fut défendu avec la plus grande valeur par le onzième corps français (Macdonald), mais l'attaque fut néanmoins si vive et si opiniâtre, que celui-ci fut enfin contraint de céder et d'abandonner aux alliés ce point important. Cependant, le général Klénau ne put s'y maintenir qu'après l'arrivée de la douzième division d'infanterie russe (Chowarsky). Le régiment d'infanterie de Narwa chargea les Français à la baïonnette, et il fut puissamment secondé dans cette circonstance par la batterie n° 45, aux ordres du colonel Begunow. Par cette vigoureuse attaque de la douzième division , par une manœuvre habile de la vingt-sixième sur le flanc gauche de l'ennemi , et par l'activité des compagnies d'artillerie, les Français furent non-seulement chassés de Holzhausen, mais encore rejetés jusque sur les hauteurs situées au-delà. On plaça à la droite de Holzhausen la vingt-sixième division d'infanterie, à la gauche la douzième, et en avant la treizième, ainsi que deux compagnies d'artillerie.

Dès que l'ennemi se fut aperçu de ces mouvements , il fit

jouer son artillerie, et bientôt après son deuxième corps de
cavalerie (Sébastiani) tenta plusieurs attaques qui furent
successivement repoussées par la douzième division d'infanterie. Celle-ci parvint à se maintenir malgré toutes ces
attaques.

Les régiments d'infanterie de Smolensk et de Narwa se
distinguèrent dans cette circonstance et enlevèrent deux
pièces de canon. Un feu terrible de mousqueterie n'empêcha pas également la division de cavalerie russe (Kreutz)
de s'avancer de Zweinauendorf. Le colonel de Benningsen,
avec six escadrons de hulans, et le général Dochturow,
avec six escadrons de hussards, poussèrent contre la cavalerie
française une charge dans laquelle les trois escadrons aux
ordres du colonel Besabrasow se firent honorablement remarquer. Cette cavalerie fut renversée, mais la cavalerie
russe resta exposée à un feu bien nourri et qui ne cessa que
lorsque le colonel Taube l'eut fait taire avec son artillerie.
On plaça sur une hauteur deux bataillons d'artillerie russe,
et l'ennemi, pris en flanc, fut ainsi empêché de se porter sur
le corps de Dochtorow.

La troisième colonne, formée des troupes du général Stroganof, et soutenue par la division de cavalerie (Tschaplitz),
s'était portée de Klein-Possna vers Klein-Baalsdorf, avec
mission d'entretenir les communications entre les corps de
Dochtorow et de Bubna. Après un combat très acharné,
elle s'empara des villages de Baalsdorf et de Zweinauendorf, et la forêt, à droite du premier village, fut occupée
par la brigade de chasseurs (Glebow). En même temps la
cavalerie (Tchaplitz) exécuta plusieurs charges brillantes
contre la cavalerie française (Walther), qui fut forcée de se
replier au moment même où elle allait tenter un coup sur
l'artillerie russe. Le colonel Klébeck, à la tête d'un régi-

ment de dragons, attaqua la cavalerie ennemie, qui , après avoir menacé la batterie n° J du capitaine Schischkin, et l'avoir presque enlevée, se retira tout à fait quand son chef, le général Sébastiani , eut été blessé.

La quatrième colonne, formée de la division légère autrichienne (Bubna), s'avança, malgré la plus vive résistance de l'ennemi, de Zwengfurth sur la grande route de Wurzen à Leipzig, et s'empara plus tard des villages de Molkau et de Paunsdorf. Ce dernier était défendu par une nombreuse artillerie, tandis que l'attaque des Autrichiens n'était appuyée que par 7 pièces de canon. Aussitôt que ce village fut emporté , des troupes légères l'occupèrent , et dans le même temps la cavalerie autrichienne du comte Bubna se forma sur la grande route de Wurtzen.

Le comte Platow marcha avec son corps sur la droite du général Bubna, et ouvrit le premier les communications avec l'armée du Nord du prince royal de Suède, de manière que tout le terrain entre Zuckelhausen , Zweinauendorf Molkau et Paunsdorf fut occupé par la colonne du général Benningsen. Le comte Platow réussit à déborder la brigade légère wurtembergeoise du général Normann, qui n'était formée que de deux faibles régiments, et elle passa du côté des alliés.

Les Saxons sous les ordres du général Russel (un régiment de cavalerie, 5 bataillons et 19 pièces), vivement pressés entre Zweinauendorf et la grande route de Wurzen , par les corps de Platow , Bubna et de Stroganof, en firent autant (1).

____

(1) Cette lâche défection est racontée ici pour ainsi dire comme un incident sans conséquence. Il semble qu'il était du devoir

Vers les trois heures après midi, le général Benningsen se rendit à son aile droite pour s'entretenir avec le prince royal de Suède relativement aux dispositions à prendre ultérieurement. Tout le danger qui menaçait le flanc droit de la colonne de ce général, s'était évanoui à l'arrivée de l'armée du Nord, et il se trouvait par conséquent à même de resserrer davantage ses forces dispersées sur une ligne de bataille très étendue, et qui dès ce moment allait devenir le centre des armées alliées réunies. Il fit donc appuyer par de la cavalerie et par de l'artillerie les attaques de l'armée du Nord sur le village de Sellerhausen.

d'un écrivain, de quelque côté qu'il fût, de la flétrir comme elle mérite de l'être. Il arrive trop souvent que la politique, les intérêts d'état font passer une puissance d'une alliance à l'autre ; mais rien ne peut justifier une trahison pareille à celle des Wurtembergeois et des Saxons. Tout sentiment d'honneur se révolte à l'idée de voir sur le champ de bataille une troupe faire volte-face et tourner ses armes contre ceux-là même dans les rangs desquels elle combattait quelques instants auparavant. Ce qui ajoute encore à la lâcheté d'une pareille conduite, c'est que cette désertion a eu lieu au moment même où ces troupes se trouvaient vivement pressées par l'ennemi.

L'auteur ne fait pas non plus assez sentir combien une pareille désertion a dû contribuer à faire perdre aux Français cette immense bataille ; il ne fait pas assez ressortir tout ce qu'a de terrible la position d'une armée qui voit tout d'un coup les forces de son ennemi augmentées de toutes celles qu'elle perd, et qui n'a plus à lui opposer qu'une ligne rompue et morcelée.

Le général MONFORT.

Comme le jour était sur son déclin, le général Benningsen envoya par Ober-Zweinauendorf, jusqu'à la hauteur
des moulins à vent, la 26e division d'infanterie (Paskiewitsch).
Par ce mouvement, il était présumable que les Français qui combattaient contre le général Klénau, et se
maintenaient toujours dans Stottisch, pris en flanc, quitte-
raient pendant la nuit ce village, ainsi que ceux de Grot-
tendorf et d'Anger ; et d'après cela, il ne restait plus aux
troupes de l'armée de Pologne, pour obtenir la victoire décisive, que d'escalader à la pointe du jour les murs de
Leipzig.

Pendant la nuit, cette armée fut répartie de la manière
suivante :

La onzième brigade prussienne (Ziethen), à Zuckelhausen.

Le quatrième corps autrichien (Klénau), devant Holzhausen vers Stotterit.

Le corps du général Dochtorow, en avant de Ober et
Unter-Zwernauendorf.

La vingt-sixième division (Paskiewitsch), en avant de la
hauteur des moulins, vers Stotteritz.

Les troupes d'avant-garde (Stroganof), à Molkau.

La division de cavalerie (Tschaplitz), plus en arrière.

Le détachement de cavalerie (Kreutz), devant Molkau,
vers Stotteritz.

La deuxième division autrichienne (Bubna) et le corps de
cosaques de Platow, au-delà de Paunsdorf.

Le quartier général de Benningsen était établi à Baalsdorf.

Quatrième colonne principale (armée du Nord)

Avant toute détermination, le prince royal de Suède eut le matin, non loin de Breitenfeld, un entretien avec le général Blücher. Il fut convenu que l'armée du Nord passerait la Partha, à Taucha, avec un renfort de 30,000 hommes de l'armée de Silésie. Le général consentit à y envoyer le corps russe de Langeron, et, faisant abnégation de son rang et de ses droits, il se mit en personne à la tête de ce corps. Ainsi, d'après les dispositions qui furent prises, l'armée du Nord devait passer la Partha, et se réunir ensuite sur son aile gauche à l'armée de Pologne de Benningsen, pour marcher sur Leipzig.

Il était environ huit heures du matin, lorsque l'armée du Nord quitta son camp près de Breitenfeld, et passa la Partha dans l'ordre suivant :

1° Le troisième corps prussien (Bulow) et la cavalerie russe du corps de Winzingerode, comme extrême aile gauche, près Taucha ;

2° Le corps russe (Winzingerode) ainsi que l'avant-garde, commandée par le général Woronzow, près Grasdorf ;

3° L'armée suédoise (comte Stedingk), près Plaussig ;

4° Le corps russe (Langeron), sous les ordres du général Blücher, à Mokau.

Ainsi se trouva formée l'aile droite de l'armée du Nord.

La petite ville de Taucha continuait à être occupée par

les Français qui s'y défendaient avec le courage du désespoir;
le général russe Pahlen la tourna, et secondé par le colonel
Arnoldi, qui, en appuyant cette attaque avec le feu de sa
batterie, eut une jambe emportée, il parvint à s'en rendre
maître, et cerna en même temps un bataillon saxon du régiment Prince-Frédéric, qui fut forcé de mettre bas les
armes. Le général Bulow s'avança ensuite vers le village
de Paunsdorf, qui avait déjà été enlevé une fois par le
comte Bubna, mais que les Français avaient repris plus tard
et qu'ils occupaient alors avec de l'infanterie et de la cavalerie. Les vainqueurs de Gross-Beeren et de Dennewitz, l'héroïque landwehr s'avança au pas de charge au milieu
d'une grêle de balles, et appuyée par plusieurs batteries
russes et prussiennes, elle emporta le village.

Pour faciliter le passage de la Partha entre Mockau et
Abt-Nauendorf, on avait fait avancer du corps de Langeron
36 pièces de 12, destinées à imposer silence à l'artillerie
française, placée près de Nautsch. Le passage s'opéra ensuite sans obstacle, l'infanterie ayant de l'eau jusqu'à la
ceinture.

L'ennemi se retira précipitamment vers Schœnfeld, et
aussitôt que les régiments de hussards et de hulans saxons
le virent poursuivi avec acharnement par la cavalerie du
général Korff, ils passèrent eux-mêmes du côté des alliés.
Les Français se reformèrent à Schoenfeld, où un combat
de tirailleurs s'engagea et dura jusqu'au moment où le
troisième corps prussien, entré en ligne de bataille, eut
ouvert les communications par Paunsdorf avec l'armée de
Pologne.

La position de l'ennemi derrière la Partha se trouvant
par là percée sur tous les points, le maréchal Ney fut forcé
de changer précipitamment la sienne, et c'est pour ce mo-

tif qu'il rassembla sur une même ligne, de Schoenfeld à Sellershausen et Stunz, les trois corps sous ses ordres.

Le septième corps français (Reynier) s'était formé à Paunsdorf sur deux lignes ; des détachements de cavalerie et d'artillerie, ainsi qu'un bataillon d'infanterie saxonne, et la brigade de cavalerie wurtembergeoise aux ordres du général Normann, se trouvaient en position entre Paunsdorf et Taucha ; mais ces troupes que la cavalerie russe était sur le point d'attaquer, se précipitèrent à sa rencontre et passèrent aussitôt du côté des alliés. L'infanterie saxonne de la première brigade, aux ordres du colonel Brause ; la deuxième brigade, et l'artillerie sous ceux du général Ryssel, suivirent leur exemple. Toutes ces troupes rejoignirent le corps de Platow, qui envoya aussitôt quelques régiments de cosaques à la rencontre de la cavalerie française, qui s'efforçait alors de s'opposer à la marche des troupes saxonnes. Ainsi cette jonction des forces de la Confédération du Rhin à celles des alliés s'opérait au moment même où de leur côté l'armée de Pologne et l'armée du Nord se réunissaient. On a vu plus haut (armée de Pologne) quel grand résultat a eu cette jonction (1).

(1) L'influence de cette défection a été telle, que, malgré l'immense disproportion de forces entre les Français et les alliés, il est permis de croire que si les Saxons et les Wurtembergeois fussent restés fidèles, l'empereur Napoléon, s'il ne pouvait espérer la victoire, aurait du moins assez balancé le succès de cette journée du 18 pour pouvoir effectuer sa retraite tranquillement et sans les désastres dont elle a été accompagnée.

(Le général MONFORT.)

Bientôt le général Blücher, remarquant que l'ennemi envoyait de Leipzig des renforts vers Schoenfeld, fit marcher le corps de Sacken vers la porte dite de Halle de Leipzig, et attaquer en même temps les retranchements sur la rive droite de la Partha. Ce mouvement contraignit les troupes françaises, déjà en route vers Schoenfeld, à s'arrêter.

Vers deux heures, l'armée du Nord se trouvant à une égale hauteur, le corps de Langeron commença sur Schoenfeld une attaque qu'il avait fait précéder d'une vive canonnade; le village fut incendié, pris et repris alternativement.

Une heure plus tard, le maréchal Ney, voulant sans doute porter un coup décisif, fit avancer des masses considérables des villages de Sellerhausen et de Volkmannsdorf. Mais le prince royal de Suède envoya à leur rencontre la cavalerie russe qui les chargea et les rejeta dans ces villages. Dans ce choc, on enleva 4 canons, et le général russe Manteufel y fut tué.

L'attaque dirigée par les Français sur le centre ayant été repoussée, ils s'avancèrent en colonnes et avec toutes leurs forces entre Molkau et Engelsdorf, avec l'intention d'attaquer l'aile gauche de l'armée du Nord, pour tomber ensuite sur les flancs des alliés et les prendre à dos. Le comte Bubna, prévenant ce mouvement, fit avancer ses troupes et charger la ligne de front; la troisième brigade prussienne (prince de Hesse-Hombourg) de son côté marcha sur ce même point, où l'ennemi fut canonné d'une manière terrible par l'artillerie saxonne, ainsi que par les boulets à la Congrève de la batterie du capitaine Bogne. Le général Bulow avança aussi au pas de charge et emporta les

villages de Strumz et de Sellerhausen que l'ennemi avait défendus avec tant d'opiniâtreté.

Dans le même temps (et la nuit alors commençait à devenir sombre), le général Langeron, se dirigeant de nouveau avec ses masses d'infanterie sur l'aile droite et vers le
village de Schoenfeld, l'enleva d'assaut, malgré la plus vive
résistance. Il passa ensuite jusqu'auprès de Reudnitz qu'il
avait presque atteint (se trouvant ainsi à une demi-lieue de
Leipzig) quand l'empereur Napoléon accourut en personne
et tenta de repousser l'aile droite. Sa garde à cheval aux
ordres du général Nansouty partit au trot attaquer avec 20
pièces le flanc droit des Russes, et lui-même se précipita
à la tête d'une division d'infanterie de sa garde vers Reudnitz. Les troupes du général Langeron furent vivement
pressées, et comme le général Saint-Priest avait dirigé presque toute son artillerie sur d'autres points, on en manqua
sur celui-ci. Le colonel suédois Cardell partit en toute hâte
avec 20 pièces, et il parvint par l'efficacité de son feu à
assurer le point menacé et à arrêter les progrès ultérieurs
des Français. Cependant les Russes ne purent pénétrer plus
avant, vu la complète obscurité de la nuit.

Cinquième colonne principale (Armée de Silésie).

Le corps du général Sacken combattit toute la journée
près de Gohlis, des faubourgs de Leipzig et de Rosenthal.
Les Français ne faisaient plus aucune résistance sur la rive
droite de la Partha, excepté devant les retranchements de
la porte de Halle.

Le premier corps prussien (York) était placé depuis 10 heures du matin, comme réserve en seconde ligne, sur les hauteurs entre Eutrisch et Gohlis ; la division Horn, formant l'aile droite, et celle de Hunerbein l'aile gauche. D'après la demande du général Sacken, on envoya deux bataillons de fusiliers de l'aile droite au secours des tirailleurs russes qui se trouvaient dans Gohlis et autour de ce village. Ils le défendirent jusqu'au soir contre les attaques d'un ennemi supérieur. Le général Blücher mit sous les ordres du général York, les régiments de hussards et de hulans saxons qui avaient passé aux alliés.

Sixième colonne principale.

Les troupes du général Gyulai se bornaient à maintenir leur position. On envoya de l'infanterie et de la cavalerie légère contre le quatrième corps français (Bertrand) qui partait de Lindenau pour Lutzen, et on en vint aux mains.

Il était 6 heures du soir. L'empereur d'Autriche quitta le champ de bataille et retourna à Rotha. Les généraux Gyulay et Scheither envoyèrent dire à différentes fois que le quatrième corps français avait marché dès le matin sur Weissenfels et que ses équipages prenaient la même route.

Il était facile de concevoir que si les Français défendaient avec autant d'opiniâtreté les points de Connewitz, Probstheïda, Stottcritz et Schœnfeld, ce n'était pas pour obtenir la victoire, mais bien pour s'assurer un point de retraite ;

cependant beaucoup de personnes étaient d'un avis contraire et pensaient que l'empereur Napoléon recommencerait la bataille le lendemain, et qu'il n'effectuerait sa retraite qu'à la dernière extrémité.

Vers le même temps, le prince de Schwarzenberg manda près de lui, sur la colline où se tenaient l'empereur de Russie et le roi de Prusse, tous ses lieutenants, et leur communiqua verbalement ce qu'il avait décidé pour le lendemain.

Un beau soleil couchant éclairait cette scène imposante. Autour de la vieille cité étaient rangés d'innombrables bataillons : partout on entendait le bruit du canon, et en arrière se trouvait encore une réserve de plus de 100,000 hommes qui brûlaient de combattre, et de prendre leur part à cette bataille inouïe. Des messagers annonçant une victoire remportée sur un point ou sur un autre, arrivaient de tous côtés ; et, tandis que la joie et l'espérance brillaient dans tous les yeux, les cœurs de l'auguste assemblée palpitaient de bonheur.

Les souverains ordonnèrent que les corps eussent à se tenir prêts à recommencer la bataille le lendemain au point du jour, et de la terminer d'une manière décisive.

Dans le cas de retraite de l'ennemi, il fut convenu qu'on marcherait vers Leipzig, comme on le fit dans cette journée, sur cinq colonnes, et qu'on emporterait la ville d'assaut ; qu'alors et par là seulement la victoire pourrait être considérée comme certaine ; mais, quoique l'empereur de Russie désirât vivement que les grenadiers et les gardes russe et prussienne partissent de suite pour franchir l'Elster à Pégau, et tomber sur le flanc des Français pendant leur retraite, on lui représenta que les troupes étaient exténuées de fatigue, qu'elles manquaient de vivres, et on remit malheureusement au lendemain ce mouvement qui devait avoir un si grand résultat. On ordonna cependant que dans la journée le troisième corps autrichien (Gyulay), la première division légère autrichienne et le corps de partisans du général Thielmann se rendraient à Pégau, que le premier corps prussien se dirigerait sur Mersebourg, que les cosaques de Platow passeraient la Pleisse à Dolitz ou à Gaschwitz pour inquiéter l'ennemi dans sa retraite, et il fut en même temps et unanimement décidé qu'aussitôt qu'elle serait commencée, les corps des alliés réunis le poursuivraient sans relâche.

A cette occasion, l'empereur Alexandre raisonnait sur les mouvements stratégiques avec une clarté et une précision admirables, et la rapidité de son coup d'œil excitait l'étonnement général. Enfin cette haute réunion se sépara à 8 heures du soir.

L'empereur de Russie et le prince de Schwarzenberg passèrent la nuit à Rotha. Le roi de Prusse la passa au village de Gruna sur la route de Borna; le général en chef Barklay au bourg de Liebertwolkwitz.

Le général Gyulay s'avança pendant la nuit de Knautheyn jusqu'à Pégau.

Le corps d'York, ayant sa cavalerie de réserve en tête, soutenue par deux régiments de cosaques du corps de Sacken, et par un bataillon de chasseurs autrichiens, partit à 7 heures du soir avec mission d'assurer les passages sur la Saale près Mersbourg et Halle. Après une marche forcée, la cavalerie de réserve et la division (Horn) arrivèrent à la pointe du jour à Halle, et la division (Hunerbein) à Boukdorf et à Liebenau.

Ainsi se termina le troisième jour de la bataille, signalé par un combat sanglant et glorieux. Cependant les armées alliées s'avançaient déjà; elles n'étaient plus qu'à une lieue de Leipzig, et, du côté nord, elles touchaient presque aux portes de la ville.

L'empereur Napoléon, sentant à la fin qu'il ne pouvait ni obtenir la victoire, ni se maintenir, prit la résolution (résolution qui doit avoir coûté beaucoup à son caractère inflexible) d'éviter la bataille qu'on lui présentait pour le lendemain. On prétendait encore qu'il manquait de munitions. (En effet, d'après les rapports des généraux d'artillerie Sorbier et Dulauloy, l'armée française aurait tiré le 16 octobre 84,000 coups de canon et le 18, 95,000.) Il retourna le soir dans les faubourgs de Leipzig, où il passa la nuit avec le roi de Naples, à l'auberge du roi de Prusse. Pendant la nuit, les équipages, quelques pièces d'artillerie et la cavalerie se mirent en marche pour Weissenfels, comme la seule ligne de retraite qui restât alors aux Français.

Dès ce moment, le sort de l'Europe fut décidé ; mais celui de Leipzig ne l'était pas encore.

19 OCTOBRE.

Après le départ du corps d'York[1], le général Blücher fit encore jeter pendant la nuit quelques ponts sur la Partha, afin de couvrir le terrain entre cette rivière et la Pleisse ; il fit ensuite revenir le corps de Langeron sur la rive droite et le réunit entre les deux rivières à celui de Sacken. Il dépendait donc du général Blücher de suivre le corps d'York, ou de passer la Pleisse et l'Elster.

Pendant la nuit, l'armée française se retira avec ordre et sans bruit de Connewitz, Probstheida, Stotteritz, Volkmerdorf et de Reudnitz vers Leipzig, et de là par Lindenau sur Weissenfels ; de faibles avant-gardes occupaient ces villages afin de cacher la retraite, et on avait placé à Zweinauendorf, aux moulins à vent, et près les murs de Leipzig, des troupes pour les soutenir ; on avait de plus percé d'embrasures les murailles des jardins situés hors la porte de Grimma, celles du cimetière, ainsi que les portes mêmes. Dans les maisons de campagne, dans les broussailles, dans les parcs, partout on avait posté des tirailleurs ; la ville elle-même était occupée par le huitième corps (Poniatowsky) et par le onzième (Macdonald) qui avaient ordre de se défendre jusqu'à la dernière extrémité, afin que l'armée, son artillerie et ses équipages eussent le temps de se déployer et de commencer leur retraite sur cette étroite chaussée.

Les avant-postes de cavalerie des alliés reçurent ordre d'attaquer pendant la nuit et sans relâche les avant-postes français, pour s'assurer si l'ennemi commençait ou non à effectuer sa retraite. Mais on fut contraint de s'arrêter à des conjectures, car l'obscurité et les dispositions des Français ne permirent pas d'acquérir la moindre certitude à ce sujet. Enfin ce jour si long-temps désiré, le quatrième de la sanglante bataille, commença à paraître, et on se mit en mesure d'achever le grand'œuvre.

L'arrivée du jour leva tous les doutes qu'on pouvait avoir encore sur la retraite des Français, et les armées des alliés commencèrent à manœuvrer chacune suivant les dispositions qui lui avaient été prescrites. Des détachements ennemis se montraient bien çà et là sur leur passage, mais ils se trouvaient hors d'état d'opposer la moindre résistance.

Aussi occupa-t-on tous les villages et fit-on un grand nombre de prisonniers parmi les hommes restés sur les derrières.
Partout on tomba sur des pièces abandonnées et sur les
débris de chariots de munition que l'artillerie avait fait
sauter.

Les armées alliées marchèrent donc sans s'arrêter un
instant sur Leipzig, et entre 8 et 9 heures, l'ennemi fut enfin rejeté dans la ville. Le brouillard qui s'était élevé à la
pointe du jour était dissipé. Après avoir visité à cheval une
partie du champ de bataille de la journée précédente, l'empereur de Russie et le roi de Prusse arrivèrent derrière
Probstheyda.

Ils ordonnèrent d'emporter d'assaut la ville de Leipzig. Aussitôt on fit placer tout autour des batteries de canons, de mortiers et d'obusiers, et bientôt la ville fut bombardée sur plusieurs points. L'armée principale de Bohême
dut prendre d'assaut la porte dite Petersthor; l'armée de Pologne, celles de l'Hôpital, de Sand et des moulins à vent;
l'armée du nord devait forcer les portes dites Hinterthor et
Grimma, et l'armée de Silésie celle de Halle; ainsi ces
quatre armées formaient chacune une colonne d'attaque.

Le corps des cosaques de Platow passa seulement alors la
Pleisse, et le corps de la réserve russe se mit en marche sur
Pégau. Le général Blücher fit traverser à la cavalerie de
l'armée de Silésie, l'Elster à Skeudiz, afin qu'elle s'avançât
vers Lutzen et attaquât l'ennemi sur ses derrières. Pendant
ce temps la deuxième division légère autrichienne franchit
la Pleisse et l'Elster pour le harceler de son côté.

Les souverains et le prince de Schwartzenberg se tenaient
près des maisons qui bordent la route, d'abord sur la droite,
ensuite à gauche. Bientôt des officiers saxons et français,
envoyés par le roi de Saxe et le maréchal Macdonald, se

présentèrent ainsi que des députés de la ville pour entamer des négociations. Ils proposaient de rendre Leipzig, si on voulait en laisser sortir librement les troupes qui y étaient renfermées, et ils demandèrent que, dans tous les cas, on daignât épargner la cité. La réponse des monarques fut conçue en ces mots : « *Il faut que tout se rende à discrétion, sinon la ville sera emportée d'assaut, afin que les Français n'aient pas le temps d'opérer leur retraite et qu'elle leur devienne aussi funeste que possible.* » Ils ajoutèrent : « *Que le malheureux sort des habitants les touchait vivement, mais que dans le présent cas, leur devoir était de parler plus haut que la pitié.* » L'empereur de Russie et le roi de Prusse envoyèrent, le premier le général Toll, le second son aide-de-camp, le colonel Natzmer, porter cette réponse à Leipzig.

Le soleil était brillant, la malheureuse cité s'offrait de loin aux yeux des souverains et dominait la vaste plaine dans laquelle étaient rangées en bataille leurs nombreuses armées. Là aussi les vaillants Russes du corps de Wittgenstein attendaient impatiemment l'ordre de l'attaque, et, d'après un usage antique et solennel, ils avaient déjà passé la revue de leurs armes et adressé au ciel, en présence du signe révéré de la croix, une courte mais ardente prière. Tous étaient prêts à exposer de nouveau leur vie dans le combat qu'on allait livrer.

Ce fut dans ce profond recueillement que cette colonne, passant, drapeaux déployés, devant les souverains, marcha à l'assaut au son de la musique et des tambours. L'empereur de Russie s'approchant de chaque bataillon, lui adressa ces paroles : « *Mes enfants, vous avez combattu ces jours passés « en braves, en véritables héros; aujourd'hui, soyez magnanimes « envers les vaincus et les infortunés habitants de la cité; c'est*

« *votre empereur qui vous en conjure ; et si vous m'aimez,*
« *comme je n'en doute pas, vous exécuterez fidèlement mes or-*
« *dres.* » A ces mots, les officiers et soldats vivement émus,
promirent d'une voix unanime obéissance entière aux ordres de leur souverain. L'enthousiasme était à son comble,
tant il est vrai que la véritable grandeur d'âme est toute
puissante sur les nobles cœurs. Ah ! que ma plume ne peut-
elle retracer dignement ici tous les beaux sentiments qui se
manifestaient alors.

L'empereur de Russie et le roi de Prusse, entourés d'un
brillant cortége de généraux et d'officiers de toutes armes,
se dirigèrent auprès du commandant en chef, feld-maréchal
prince de Schwarzenberg, et lui remettant avec bonté les
insignes de l'ordre de Saint-Georges de première classe, et
la grand'croix de l'Aigle-Noire, ils le prièrent de les accepter
comme un témoignage public de son mérite et de leur reconnaissance personnelle. Ils ajoutèrent que la victoire qu'il
venait de remporter assurait le bonheur de toutes les nations, et rendrait le nom de SCHWARZENBERG aussi glorieux
que cher à la postérité.

Le feld-maréchal répondit : « Qu'il n'avait que faiblement
« contribué à la victoire ; qu'elle était due aux sages dispo-
« sitions des souverains dont il n'avait fait qu'exécuter lit-
« téralement les ordres, ainsi qu'à la bravoure des géné-
« raux et des soldats ; que c'est à leurs personnes que toute
« la gloire devait en revenir, et que, quant à lui, il se trou-
« vait déjà beaucoup trop récompensé par la satisfaction
« des monarques et par la pensée que l'Allemagne, désor-
« mais libre, allait jouir enfin d'un bonheur inaltérable. »

Tous les assistants étaient saisis d'admiration à la vue de
ce grand capitaine luttant de générosité et de modestie avec
les augustes souverains.

Attaque de Leipzig.

Première colonne de l'armée principale de Bohéme.

Avant d'abandonner le village de Probstheyda, les Français avaient brûlé 50 chariots à munitions et enfoui 12 canons qui plus tard furent découverts par les Prussiens. Le corps de Kleist, qui suivait les pas de l'ennemi, se forma d'abord près du moulin à tabac, où arriva aussi à 8 heures du matin le roi de Prusse.

Les autres corps d'armée s'étant également avancés vers le sud et très près de la ville, elle commença à être bombardée par le général d'artillerie Nikitin. Les corps de Colloredo, Wittgenstein et Kleist se tenaient tous prêts à l'attaque; mais la ville étant prise sur d'autres points, ils n'en vinrent pas aux mains.

Deuxième colonne.—Armée de Pologne.

Cette colonne se dirigea à sept heures du matin par Stotteritz sur Leipzig, et se forma à une portée de canon de la ville. Le général Klénau prit position auprès des maisons qui bordent la route, en attendant l'arrivée de l'artillerie de réserve, car dès l'instant où les troupes s'approchaient de la ville, les batteries françaises placées sur le Galgenberg commençaient un feu roulant

Le général Benningsen fit arriver quatre compagnies de grosse artillerie (60 pièces de canon) qui leur imposèrent bientôt silence; et après que beaucoup de chariots de munitions eurent sauté en l'air, l'artillerie des Français se retira, et leurs tirailleurs occupèrent les jardins, les murailles et toutes les maisons dominantes. L'artillerie des alliés s'avança alors, elle fut suivie de la douzième et de la treizième division d'infanterie qui marchèrent en colonnes et au pas accéléré directement sur la ville, tandis que la vingt-sixième division, avec une compagnie d'artillerie légère, s'avançait plus à gauche vers les maisons de la route. A 300 pas des murailles des jardins, on bombardait les faubourgs et les murs de la ville, mais ces derniers sans succès, attendu qu'ils étaient construits de briques; ils furent à la vérité troués en plusieurs endroits, mais on ne put réussir à les faire écrouler. Les troupes du prince royal de Suède attaquèrent sur la droite, et en même temps le général Benningsen ordonna à la douzième et à la vingt-sixième divisions d'infanterie de s'emparer du faubourg de Grimma. La compagnie de sapeurs du colonel Afanassief fut chargée de détruire les murailles des jardins environnants et de faciliter ainsi l'entrée à la treizième division. Le courage et l'énergie des assaillants aplanit toutes les difficultés; aucune des dispositions prises par l'ennemi ne put en élever d'insurmontables, et les Russes pénétrèrent jusque dans l'allée qui se prolonge entre le faubourg et la ville. Le régiment de Ladoga conquit 7 canons, celui de Pultawa 11, celui d'Orel 3, et le 5e régiment de chasseurs 8, ensemble 26 pièces. Tous ces régiments faisaient partie de la vingt-sixième division commandée par le vaillant général Paskiewitsch. Le général ennemi Kutaschofsky fut fait prisonnier avec 15 officiers et 300 hommes, et on s'empara de 17 canons et de 27 chariots de munitions trouvés sans escorte.

Le général Benningsen envoya aussitôt un bataillon dans la ville pour servir de garde au roi de Saxe ; ce bataillon fit mettre bas les armes à la garde saxonne, et il fit le service extérieur et intérieur de la maison.

Troisième colonne, ou armée du Nord.

Cette colonne, aux ordres du prince de Suède, s'avança également ayant à sa tête la troisième brigade prussienne (prince Louis de Hesse-Hombourg), soutenue par la cinquième brigade (Borstel) et par quelques bataillons suédois. Le village de Reudnitz fut emporté, et on s'avança ensuite à gauche sur la grande route de Wurzen. Le troisième bataillon de landwehr de la Prusse occidentale marchait en tête ; venaient ensuite le deuxième bataillon et un bataillon de fusiliers. L'ennemi se défendait sur ce point avec une grande ; opiniâtreté son feu qu'il dirigeait des jardins et des faubourgs, devenait de plus en plus actif : beaucoup de braves perdirent la vie avant qu'il fût possible aux Prussiens de pénétrer jusqu'aux portes palissadées, c'est-à-dire celles de Hinter-Thor et de Kohlgarten. Dans ce combat, qui fut long-temps indécis, le prince Louis de Hesse fut blessé, et remplacé dans le commandement par le général

Borstel. Le major d'artillerie Edenhielm reçut également une blessure grave, et le major suédois Dobeln fut tué.

Le général Borstel fit avancer sa brigade, et le prince royal de Suède lui envoya six bataillons russes et un bataillon suédois pour le soutenir. Alors toute résistance fut vaine : les Prussiens pénétrèrent par la porte dite Hinter-Thor à travers les jardins et de petites rues dans le faubourg, et ils furent précédés dans cette voie par les Poméraniens.

En même temps, le général Woronzow se dirigea avec son avant-garde composée de cinq bataillons de chasseurs russes, ayant à leur tête le 14e régiment commandé par le colonel Krassowsky, vers la porte de l'hôpital dont il s'empara, comme aussi de plusieurs pièces de canon.

Par la prise des portes de Hinter-Thor et de l'Hôpital, les autres portes se trouvaient menacées sur les derrières ; bientôt les troupes qui les défendaient furent repoussées de manière que toutes les portes extérieures de la ville furent presque en même temps assaillies. Mais dans ce moment un combat terrible s'engagea dans les allées entre le faubourg et la ville intérieure Les Français et les Polonais, qui occupaient ces lieux avec une artillerie considérable, firent un feu violent vers tous les points attaqués ; on fut contraint d'emporter au pas de charge, et les unes après les autres, presque toutes les batteries françaises, et après une lutte qui dura plus d'une heure dans les faubourgs, et dans laquelle beaucoup de monde succomba, tout fut forcé de se rendre au vainqueur.

Le combat qui eut lieu dans la ville intérieure fut presque insignifiant, en comparaison de celui-ci.

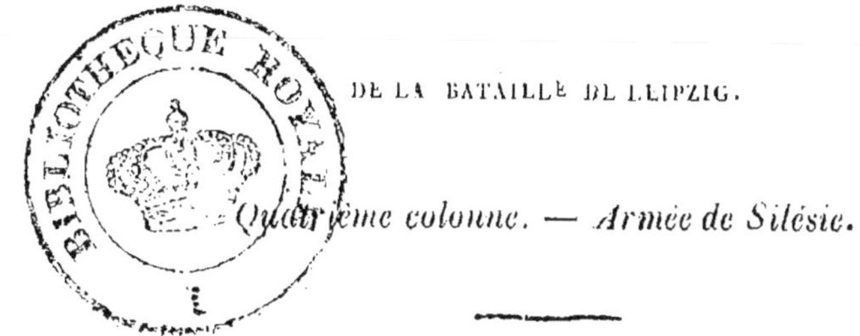

Quatrième colonne. — Armée de Silésie.

Le général en chef Blücher chargea le corps de Sacken d'attaquer la porte de Halle de Leipzig, et fit placer une batterie de 12 pour balayer le terrain entre la ville et le village de Reudnitz. Par cette disposition, l'attaque des troupes prussiennes du général Bulow fut fortement appuyée, et l'ennemi forcé de se replier jusque dans le faubourg. Comme dans ce même temps l'infanterie du corps de Langeron arrivait sur la rive droite de la Partha devant Leipzig, on tenta de la lui faire traverser, pour qu'il vînt prendre à dos la porte de Halle, encore vigoureusement défendue par de l'infanterie et de l'artillerie françaises ; mais le passage fut impossible, et l'infanterie de Langeron fut contrainte de poursuivre sa marche sur la rive droite ; elle atteignit enfin la porte de Halle, et y entretint le feu, de concert avec le corps de Sacken qui s'était déjà rendu maître des maisons et des retranchements établis près de cette porte. Vers midi, le feu des Français se ralentissant au pont de la Partha, l'infanterie parvint à enlever la porte de Halle avec trois pièces de canon ; elle poursuivit même les Français jusque dans les allées extérieures, où se trouvaient pêle-mêle le parc d'artillerie, les troupes, les bagages, les munitions, etc. Ici la défense de l'ennemi fut faible, il abandonna son artillerie, et se dirigea vers la porte de Ranstadt.

Voyons maintenant ce qui se passait du côté des Français : quoique leur retraite eût commencé la veille, beaucoup de leurs troupes, artillerie et bagages, restés en arrière, se pressaient en masse dans les rues étroites de Leipzig et Lindenau : les fuyards ne trouvaient plus d'issue, tout était pêle-mêle, et, dans cet affreux désordre, chacun cherchait son propre salut. Il était 10 heures du matin, lorsque l'empereur Napoléon quitta la ville, après avoir fait visite au roi de Saxe ; il voulut sortir par la porte de Ranstadt, mais ce fut en vain ; il fut contraint de faire un détour pour gagner celle de Peters-Thor, et aussitôt qu'il eut traversé avec sa suite le pont à la porte extérieure de Ranstadt, on le fit immédiatement sauter derrière lui, tant il est vrai qu'ici comme ailleurs, il ne considérait que sa personne, qu'il lui sacrifiait tout le reste avec une cruelle indifférence (1). Un autre pont de communication, jeté dans le

(1) Ce récit est complétement inexact. Il appartient à un témoin oculaire de rétablir la vérité des faits et de détruire une imputation calomnieuse contre l'empereur. Dès trois heures du matin du 19, l'empereur avait donné l'ordre de préparer les moyens de faire sauter les ponts sur la chaussée de Lindenau. Les préparatifs furent longs à faire : on y travaillait encore lorsque l'empereur passa avec sa suite. Il ne donna ni ne fit donner aucun ordre pour les faire sauter. Le désordre, déjà bien grand avant le passage de l'empereur, augmenta encore après, et ne tarda pas à être à son comble. L'officier du génie chargé de l'opération, ayant à faire travailler sur plusieurs ponts, fut obligé de s'éloigner un peu du premier que l'on rencontre en sortant du faubourg. Quand il voulut y revenir, la foule était si épaisse et si serrée, qu'il lui fut impossible d'y arriver : il avait à peine commencé à s'en rapprocher qu'il l'entendit sauter. Les sapeurs qui étaient restés auprès des poudres y avaient mis le feu en voyant arriver les tirailleurs de l'ennemi. Voilà comment les choses ont

jardin de Richter, s'écroulant tout à coup sous le poids des fuyards, leur ôta toute issue, et les livra entièrement au pouvoir du vainqueur.

Les alliés avancent en masses de tous côtés, et les Français ne songent plus même à se défendre. Espérant trouver encore leur salut en traversant les jardins et les prés de Leipzig, ils se jettent dans la Pleisse et dans l'Elster ; mais ce n'est que la mort que les malheureux trouvent dans les flots ou sous le feu roulant des alliés. Le maréchal Macdonald parvient à se sauver en traversant le fleuve. Le maréchal prince Poniatowsky est moins heureux : grièvement blessé, hors d'état de lutter contre le courant, il disparaît bientôt avec son cheval (1). Le général Dumoustier, chef de l'état-major du onzième corps, eut le même sort. Tout ce qui n'est pas englouti par les flots est forcé de se rendre aux armées victorieuses des alliés.

En ce moment, les monarques apprirent que leurs armées pénétraient dans la ville. Ne considérant nullement alors le

eu lieu. Il y avait long-temps que l'empereur était passé ; il était alors déjà bien loin ; et il est absurde de supposer que, dans l'intérêt de sa propre sûreté, il ait donné ordre de faire sauter ces ponts dont l'existence ne pouvait compromettre en rien sa personne.

Le général MONFORT.

(1) Avant de se jeter dans l'Elster, cet infortuné prince eut un moment d'hésitation ; mais le capitaine Bléchamp, excellent nageur, et qui faisait partie de son état-major, lui dit : « Jetez-vous « à l'eau, mon prince, je réponds de votre vie. » Aussitôt, Ponia-

danger qui pouvait les menacer au milieu d'une confusion
qu'aucune plume ne saurait décrire, ils se précipitent au
galop dans les faubourgs, et, à midi, accompagnés du prince
de Schwarzenberg, ils font leur entrée à Leipzig par la porte
de Grimma, aux cris d'allégresse d'une nombreuse popula-
tion, à travers les rangs des vainqueurs, au bruit de la musique militaire et du tonnerre de l'artillerie qui poursuivait
l'ennemi ; passant devant les troupes de la confédération,
comme aussi devant beaucoup de Français, qui tous mettent
bas les armes, ils se dirigèrent vers la grande place du marché. Sur un autre point on vit arriver le prince royal de
Suède, les généraux Blücher, Benningsen, et immédiatement après eux tous les illustres chefs qni avaient si puissamment contribué à la victoire. La garde saxonne se tenait
sous les armes près la demeure du roi de Saxe, et l'on peut
dire sans exagération que jamais nos aïeux n'avaient rien vu
de semblable.

towsky se précipite dans le fleuve. Son cheval est entraîné par
les flots ; le prince surnage ; alors le brave Bléchamp le saisit à
bras le corps, mais à l'instant même il est frappé d'une balle ;
un second coup atteint le prince, et tous deux disparaissent.

Quelques jours après, le corps du prince, retrouvé par des pé-
cheurs, fut remis entre les mains des Polonais alors prisonniers à
Leipzig. On lui rendit les derniers honneurs dus à son rang (il
venait d'être nommé maréchal de France).

Sa cendre repose maintenant dans les caveaux de la cathédrale
de Cracovie, près de celles de Sobieski et de Kosciuszko.

ROMAN-SOLTYK,

(général polonais).

Cependant, on entendait encore de tous côtés battre l'alarme, et des coups de fusil isolés partaient de temps en temps. Prussiens, Russes, Autrichiens et Suédois se précipitent pêle-mêle sur le chemin pavé de Ranstadt. En dehors de la porte, la terre est jonchée de morts, de mourants et de cadavres de chevaux. L'artillerie, les équipages, des colonnes entières, vainqueurs et vaincus, restent immobiles, tous les chemins sont encombrés de troupes, et çà et là s'engagent encore quelques faibles combats. La vie des souverains eux-mêmes est menacée sur le chemin de la porte de Ranstadt; car, ne pouvant la franchir, ils furent contraints de revenir sur leurs pas, et de se diriger par le marché vers la porte de Grimma. Dans ce court trajet, qui dura plus d'une heure, ils rencontrèrent l'empereur d'Autriche qui traversa la ville à cheval, et retourna ensuite à Rotha, tandis que le roi de Prusse et l'empereur de Russie passèrent l'armée du Nord en revue.

Alors les habitants, qui, peu d'instants auparavant, entrevoyaient avec horreur le sort réservé aux villes emportées d'assaut, éprouvèrent la clémence des monarques et l'humanité de leurs vaillants soldats, car la vie des citoyens fut assurée et toutes les propriétés furent respectées. L'ordre se rétablit bientôt, et la peur et l'anxiété firent place à la joie.

Ainsi s'acheva cette œuvre de sang. Dès ce moment, la supériorité de l'Allemagne sur la France fut décidée, et on posa la pierre fondamentale du grand monument consacré à la liberté de l'Europe.

Les pertes éprouvées dans cette bataille par l'armée française furent immenses; on les évalue à 15,000 hommes tués, et à 30,000 blessés (un grand nombre de ces derniers faisant partie des 23,000 malades que l'ennemi avait laissés à Leipzig). On fit en outre 15,000 prisonniers, et 300 pièces de canon, 900 chariots à munition ou d'équipage tombèrent entre les mains des alliés.

Parmi les morts se trouvaient le prince Poniatowsky, les généraux Rochambeau, Dumoustier, Vial et autres.

Parmi les blessés, les maréchaux Ney et Marmont; les généraux Souham, Compans, Latour-Maubourg, Sébastiani, Maison, etc.

Parmi les prisonniers, le prince Émile de Hesse-Darmsdt, les généraux Lauriston, Regnier, Schaefer, etc.

Les pertes des armées alliées, quoiqu'elles n'aient jamais été connues bien exactement, ne laissèrent cependant pas que d'être très considérables. En voici à peu près le relevé.

Armée autrichienne.

Tués. — Le général Giffing, 57 officiers et plus de 2,000 hommes.

Blessés. — Le princes de Hesse-Hombourg, les généraux Hardegg, Nostiz, Mohr, Spleny, 3,030 officiers et 5,000 hommes.

Prisonniers. — Le général Meerfeldt, 39 officiers et 1,000 hommes.

Armée russe.

1° L'armée du général Barklay de Tolly.

Tués. — Les généraux Schawitsch, Newerofsky, Manteufel, Hune, et le prince Kudaschof.

Blessés. — Les généraux Rajeswsky, Duca, Krischanofsky, Karateiof, Lewaschof et Pissaref.

110 officiers, et 2,960 hommes tués.

670 officiers, et 13,017 hommes blessés.

 15 officiers, et 2,763 hommes prisonniers de guerre.

795 officiers, et 18,740 hommes.

2º Armée de Pologne ou réserve russe (Benningsen).

Tués. — Le général Lindfors. — Le nombre de tués et de blessés était de 123 officiers et de 3,000 hommes.

Armée prussienne.

Blessés. — Le prince Louis de Hesse-Hombourg et le prince Charles de Mecklembourg-Strélitz.

1ᵉʳ corps d'armée (York).

176 officiers et 5,568 sous-officiers et soldats, tant tués que blessés.

2ᵉ corps d'armée (Kleist).

244 officiers et 7,882 sous-officiers et soldats, tant tués que blessés.

On ignore à combien s'élevaient les pertes du troisième corps prussien aux ordres du général Bulow, mais on peut sans exagération les estimer à 100 officiers et à 1,500 sous-officiers et soldats.

La perte de l'armée suédoise fut de même inconnue, et elle ne doit cependant s'élever qu'à 100 officiers et 300 hommes.

RÉCAPITULATION GÉNÉRALE.

Autrichiens. —	7 gén.	399 off.	8,000 sous.-off. et soldats.
Russes.	— 12 »	864 »	21,740	»
Prussiens.	— 2 »	520 »	14,950	»
Suédois.	— » »	10 »	300	»

Total général : 21 gén. 1793 off. 44,990 sous-off. et soldats.

La bataille livrée sous les murs de Leipzig pour la cause des peuples a, en quatre jours, consolidé peut-être pour des siècles la liberté des Allemands, et elle sera comparée dans l'histoire à ces grandes batailles de l'antiquité, qui décidèrent du salut ou de la ruine des empires. Aussi la gloire des monarques, des généraux et des soldats qui ont combattu dans ces immortelles journées, passera éternellement à la mémoire de la postérité. La bataille elle-même fut conduite des deux côtés avec tout le talent de la tactique, avec la valeur la plus soutenue, et c'est surtout au milieu du feu que l'esprit patriotique des Allemands s'est montré sublime ; ainsi cette loi infaillible qui veut que des peuples d'une même race, parlant le même langage, restent constamment unis, s'est vérifiée par le passage dans les rangs des alliés, de presque tous les Allemands de la confédération.

C'est dans l'avenir que les suites de cette bataille seront encore d'une plus haute importance. Elle forme pour ainsi dire un pôle dans l'histoire du monde. D'incroyables erreurs ont fait naître de grands malheurs et donné une expérience bien cruelle ; mais les droits sacrés de l'humanité sont enfin de nouveau reconnus, et tout porte à croire qu'ils ne périront jamais.

On a rarement vu livrer et gagner des batailles sans commettre plus ou moins de fautes stratégiques ; aussi combien la seconde partie de la campagne de 1813 apparaît remplie de fautes de l'empereur Napoléon, et indigne de lui. Au lieu de concentrer toutes ses forces, et de veiller à ne pas être cerné par les mouvements de ses ennemis, le grand capitaine se livre entièrement à leur discrétion. Et pourquoi n'a-t-il pas livré bataille aux armées du Nord et de Silésie, depuis le 8 jusqu'au 13 octobre ?

Pourquoi encore avait-il si mal choisi son champ de bataille près Leipzig? Pourquoi n'avait-il pas pris position
derrière la Saale, ou tout au moins derrière la Pleisse et
l'Elster au-delà de Leipzig, quand il n'était déjà plus en son
pouvoir de combattre les armées alliées séparément, puisque
les armées du Nord et de Silésie s'avançaient ensemble de la
Mulde pour le cerner? Qui l'a empêché d'attaquer de nouveau le 17? Pourquoi n'a-t-il pas fait tous ses efforts pour
déboucher à Connewitz, ou n'a-t-il pas marché sur Pégau
en longeant la rive gauche de l'Elster et de la Pleisse, afin
de menacer l'aile gauche et les derrières de l'armée de Bohême, et la forcer ainsi à la retraite? Et s'il ne voulait, ou
ne pouvait plus rien entreprendre de décisif dans cette
journée, pourquoi alors ne commençait-il pas lui-même à
opérer la sienne qui lui était si nécessaire?

Comment l'empereur Napoléon et les maréchaux de
France peuvent-ils se disculper de ne pas avoir fait jeter derrière eux des ponts sur les rivières pour s'assurer un moyen
de retraite? et cette précaution de l'Empereur de faire sauter les ponts derrière lui, ne fut-elle pas cause que des
milliers d'hommes trouvèrent la mort dans l'Elster? Oui,
cet ordre cruel et sans but (nous disons sans but, car la
chaussée de Lindenau était d'ailleurs tellement encombrée,
qu'aucune poursuite ne pouvait plus être possible), cet ordre pèsera un jour sur sa tête, quand il paraîtra devant le
tribunal suprême du Dieu de l'univers pour lui rendre
compte des millions d'hommes qu'il a sacrifiés (1).

Dans ces mémorables journées, l'armée française combattait avec sa valeur accoutumée et avec une patience hé-

(1) Le simple exposé des faits, dans la note précédente, répond
à cette déclamation.

Le général Monfort.

roïque, qui ne se démentit pas même alors qu'elle eut perdu toute espérance d'obtenir la victoire ; sa gloire sera immortelle. Le général Bertrand s'est acquis un beau nom dans les fastes militaires, en triomphant à Lindenau, car c'est ce fait d'armes qui seul a rendu possible à l'armée française sa retraite sur le Rhin.

Mais il y a aussi du côté des alliés des circonstances isolées qui manquent encore d'éclaircissements. Ainsi, comme on l'a vu, l'attaque de l'armée de Bohême du 16 octobre a été exécutée sans la réunion des corps de Colloredo et de Benningsen ; ensuite les attaques de Connewitz et de Liebertwolkwitz n'ont pas été poussées avec assez de vigueur. Il est tout à fait présumable que, sans la victoire de Moeckern, les alliés se seraient trouvés exposés à des échecs dont on ne peut calculer les suites.

Enfin, il y avait eu négligence à ne pas détruire, pendant le peu de temps que le général Gyulay tint Lindenau sous son pouvoir, le pont qui pouvait couper toute retraite à l'armée française ; mais peut-être on n'avait pas l'intention de la lui couper.

Si, après avoir emporté une partie du village de Lindenau, le général Gyulay n'a pas détruit le pont sur la Lippe et sur l'Elster ; si plus tard, à une seconde attaque de l'ennemi, il n'a pas défendu ce point avec toute l'énergie possible ; s'il est resté les trois jours suivants dans l'inaction, se bornant à observer l'ennemi, et si d'un autre côté on n'a envoyé sur ce point aucun renfort soit de l'armée de Silésie, soit de celle de Bohême, ne semblerait-il pas qu'alors on n'eut pas l'intention d'occuper Lindenau ? ou bien n'aurait-on voulu faire qu'une tentative avec le troisième corps autrichien, afin de rendre l'empereur Napoléon plus attentif sur le danger qui le menaçait et l'engager à la retraite ? Dans cette hypothèse, qui paraît d'ailleurs assez probable, on avait raison de ne pas le pousser à toute extrémité avec ses 150,000 hommes, et de ne pas empêcher sa retraite sur sa ligne de communication, car il ne peut venir à la pensée de personne que 150,000 soldats, conduits par un chef habile et résolu, puissent jamais être ni coupés, ni cernés. Quelle est la puissance qui pourrait empêcher de telles forces de se frayer un passage! L'histoire du monde n'offre pas un pareil exemple. Ainsi les Français auraient tout entraîné avec eux, et les suites de ce choc eussent été incalculables. Et si Napoléon se fût frayé un chemin vers Magdebourg, l'Allemagne eût-elle été délivrée comme elle l'a été par la bataille de Leipzig? Non sans doute; la guerre eût pris une autre tournure, et le théâtre des combats eût été transporté du midi au nord. Aussi laissa-t-on, et avec raison, Napoléon se diriger directement sur le Rhin; on lui avait même fait un *pont d'or*, pour qu'il le franchît plus vite, puisqu'il avait fait sauter les *ponts de pierre* (1).

---

(1) Ce jeu de mots est ici d'autant plus insipide qu'il porte entièrement à faux. Quel serait donc le *pont d'or* qui aurait été fait à Napoléon à la bataille ou à la suite de la bataille de Leipzig? L'auteur serait, sans doute, fort embarrassé de répondre. Il est d'ailleurs inconcevable qu'il accuse Napaléon d'avoir fait sauter le pont de la porte de *Ranstadt* immédiatement après qu'il l'eut traversé. Tout le monde sait que cette déplorable précipitation vint, comme on l'a vu dans une précédente note, en l'absence accidentelle de l'officier du génie, d'un *malentendu* de la part des sapeurs chargés de l'exécution matérielle de cette mesure. Comment peut-on accuser Napoléon d'une pareille lâcheté!!! Si l'empereur des Français avait eu des craintes

pour sa personne, aurait-il différé son départ de Leipzig jusqu'à
10 heures? Il serait certainement parti dès le matin, car alors il
ne pouvait plus être question de *l'inflexibilité de son caractère!*
Et d'ailleurs, Napoléon n'avait-il pas été à même de juger aussi
bien que l'auteur, que « *cet ordre cruel de faire sauter le pont*
« *derrière lui était sans but, puisque la chaussée étroite de Lin-*
« *denau était tellement encombrée, qu'aucune poursuite ne pou-*
« *vait plus être possible!* »

Que l'on reproche à Napoléon son inflexibilité, son obstina-
tion à se maintenir sur le malheureux champ de bataille de
Leipzig, malgré son infériorité numérique, le désavantage immense de sa position, et par suite l'absence pour lui de toute
chance de succès décisifs; qu'on lui reproche enfin son impré-
voyance sur ses moyens de retraite, le reproche n'est que trop
fondé. Mais qu'on l'accuse de peur ignoble, honteuse, de lâcheté enfin, c'est une indigne calomnie! C'est se déclarer soi-
même *haineux*, et aveuglé par la passion et l'esprit mesquin de
vengeance.

(Un officier-gén. français.)

RELATION AUTRICHIENNE

DE

L'AFFAIRE DE LINDENAU.

AFFAIRE DE LINDENAU.

RELATION AUTRICHIENNE.

COOPÉRATION

DU TROISIÈME CORPS D'ARMÉE AUTRICHIEN AUX ORDRES DU
FELD-ZEUGMEISTER COMTE IGNACE GYULAI, PENDANT
LA BATAILLE DE LEIPZIG JUSQU'AU PASSAGE DE LA
SAALE DU 13 AU 21 OCTOBRE 1813;

PAR

FRÉDÉRIC DE SEIDEL,

Général-major autrichien et témoin oculaire.

Extrait du Journal militaire autrichien, traduit par
M. Philippe HIMLY.

Le 13 octobre 1813, le corps du général Gyulai était composé de 20 bataillons et de 13 escadrons, ensemble 18,922

hommes, 1,719 chevaux et 50 canons (1). Le quartier-général se trouvait à Weissenfels, et tous les préparatifs semblaient annoncer une attaque générale contre l'ennemi.

Par une dépêche expédiée d'Altenbourg dans la nuit du 13 au 14 octobre, le prince de Schwarzenberg fit connaître au général Gyulai que l'attaque que le général Yorck méditait contre Leipzig, serait, dans la matinée du 14, précédée d'une reconnaissance du général Wittgenstein, et que, de son côté, le général Gyulai devait en pousser une, tant sur la route de Lutzen que sur celle de Pegau.

D'après cet ordre, la 1re division légère Crenneville se porta aussitôt vers Lutzen, d'où le général Gyulay conduisit en personne une forte reconnaissance sur la route de

(1)Noms des divisionnaires, feld-maréchaux-lieutenants.	Noms des brigadiers, généraux-majors.	Désignation des troupes.	Bataillons.	Escadrons.	NOMBRE	
					d'hom.	de chev.
Cte Crenneville.	Hacht.	Warasdiner-Kreutzer.	1		889	
		Warasdiner-St.-Georges.	1		1,016	
		Chevau-légers (Klenau).	«	7	915	9 15
		Idem (Rosenberg).	«	6	804	804
Cte Murray.	Cte Salins.	Infant. (archid. Louis.)	5		2,890	
		Infant. (de Wurzbourg.)	2		1,846	
	Weigel.	Infant. (Mariassy.)	2		1,296	
		Infant. (Gyulay.)	2		1,652	
Prince Philippe de Hesse-Homb.	Bon Csollick.	Infant. (Kottuliusky).	5		2,293	
		Id. (Empereur.)	2		1,606	
	Grimmer.	Id. (Kollowarth.)	2		1,746	
		Id. (Frelich.)	2		1,969	
ARTILLERIE : (10 batteries 50 pièces.)			20	13	18,922	1,719

Leipzig jusqu'au-delà de Schönau. Alors les Français, pour éviter un engagement sérieux, se replièrent, après une légère résistance, sur leur position de Lindenau.

En conséquence des dispositions prescrites pour la journée du 14, le 3e corps autrichien dut marcher jusqu'à Muschwitz, en laissant toutefois, comme garnison à Weissenfels, le régiment de Wurzbourg, un bataillon du régiment Archiduc Louis, et une demi-batterie aux ordres du général Murray; 2 autres bataillons, 1 escadron du régiment de Rosenberg, et 2 canons sous le commandement du général Salins dûrent se porter sur Naumbourg, afin de s'assurer des passages de la Saale devenus très importants pour les opérations ultérieures. Enfin un autre escadron fut détaché pour faire le service d'ordonnance. Ainsi le 3e corps, diminué de 5 bataillons et de deux escadrons, ne comptait plus, lors de l'attaque contre Leipzig, que 15 faibles bataillons et 11 escadrons.

Durant la susdite reconnaissance, toutes les autres troupes se mirent de même en mouvement vers les points indiqués. La division de Hesse-Hombourg vint camper à Muschwitz, la brigade Csollich près Rocken sur la route de Lutzen. Le corps de partisans du colonel Mensdorf prit position près Dohlen, entre Lutzen et Marck-Rannstadt. Un corps considérable de Français se trouvait près de Lindenau.

Le 15 octobre, le 3e corps reçut l'ordre de se rendre jusqu'à Lutzen, de pousser son avant garde jusqu'à Mark-Rannstadt, de laisser 2 bataillons et une batterie pour occuper le château et le pont de Weissenfels, et 2 autres bataillons près du pont de Kosen. La division légère du Prince Maurice de Lichtenstein, ainsi que les partisans du général Thielmann furent mis sous les ordres du général Gyulai, la première formant l'avant-garde du 3e corps. On se dirigea de Muschwitz par Staarsiedel vers Lutzen , où s'était aussi rendue la brigade Csollich , et toutes ces troupes , qui composaient le gros du corps d'armée , vinrent bivouaquer autour de la ville où se trouvait aussi le quartier-général. La division légère Crenneville , postée près de Mark-Rannstadt, fut rejointe par la division Maurice de Lichtenstein, forte de 2,657 hommes et de 1,857 chevaux. Cette division avait laissé un détachement à Zsohocher et un autre à Pristablich, Le colonel Mensdorf s'étant porté jusqu'à Schonau , entretenait , au moyen de ses partisans et de deux Pulks de Cosaques, les communications sur la gauche avec le général russe St Priest. Les communications sur la droite, furent ouvertes avec l'avant-garde du 2ᵉ corps, qui occupait Zwenkau , et dont un poste était placé à Nauendorf.

Les Français avaient considérablement renforcé leurs avant-postes en deçà de Lindenau. Vers le soir, on reçut au quartier-général les ordres pour une attaque à exécuter le lendemain, 16, contre Leipzig. Il importe de remarquer ici, que suivant ces dispositions , on ne demandait aucunement des résultats décisifs au corps de Gyulai, mais seulement des démonstrations (1).

(1) La relation officielle de la bataille de Leipzig qui parut à Vienne en 1813, à l'imprimerie impériale, contient les mêmes assertions, car voici ce qu'elle dit :

« L'attaque de l'armée principale des alliés fut exécutée de la manière suivante : Le général Gyulai avec la division légère de Lichtenstein et les partisans de Thielemann, forma ses colonnes à 7 heures du matin près Mark-Ranstadt et marcha vers Lindenau. Sa destination principale était de maintenir la communication avec l'armée de Silésie et de diviser l'attention de l'ennemi. »

On lit en effet dans ces dispositions : « Le 3e corps Gyulai
« se réunira à 6 heures du matin à la division Lichtenstein
« et au général Thielmann. »

Et plus loin : « La colonne de St-Priest de l'armée de
« Blücher prendra probablement la même direction pour se
« réunir au 3e corps. Mais dans tous les cas le général Gyu-
« lai partira à 7 heures de Mark-Rannstadt; il attaquera l'en-
« nemi qui se trouve devant lui et marchera sur Leipzig. La
« destination la plus importante de cette colonne est de main-
« tenir la communication entre l'armée principale et celle du
« général Blücher et de faciliter par sa propre attaque sur
« Leipzig celles des autres colonnes. Enfin, dans le cas où la
« colonne du général Gyulai serait repoussée par des forces
« supérieures, elle se retirerait sur Molsen et sur Zeitz. »

On ne pouvait plus compter, pour l'attaque projetée de
Lindenau, sur la coopération du corps de Saint-Priest dont
l'effectif égalait au moins celui de Gyulai (1), car le capitaine autrichien Marschall, expédié dans la nuit auprès du
comte Gyulai, lui avait fait connaître que le général Blücher n'approuvait pas cette attaque, et que, persuadé que
Lindenau tomberait de lui-même entre les mains des alliés, il ne voulait pas employer le corps de Saint-Priest à

---

(1) D'après le Tableau de la campagne d'automne de 1813, en
Allemagne, par le général Jomini (*), le corps de Saint-Priest est
évalué dans l'ordre de bataille du 17 octobre devant Leipzig, à
8,000 hommes d'infanterie, et celui de Gyulai à 7,000 hommes
d'infanterie et à 1,500 chevaux, tandis que d'après les relations
prussiennes le corps de St. Priest est porté à 10,000 hommes.

(*) L'auteur se trompe; c'est M. de Butturlin, aide-de-camp de l'empereur de Russie.

des opérations sans but essentiel ; qu'en conséquence son intention était d'attirer ce corps sur la rive droite de l'Elster.

Le général Thielmann, consulté sur cette même attaque, comme ayant une parfaite connaissance des lieux, partagea l'avis du général Blücher, et il ajouta que non-seulement il serait impossible de se maintenir dans la position de Lindenau, mais encore que de ce village on ne pourrait rien entreprendre contre Leipzig. En effet, la marche sur Leipzig ne pouvant s'effectuer que par les ponts de la Luppe, de l'Elster et de la Pleisse, et sur une digue très étroite, il ne fallait pas songer à tourner sur ce point la position avantageuse de l'ennemi, qui, dans un espace aussi resserré, se fût trouvé à même de repousser avec une seule brigade l'attaque de toute une armée.

Quoique ces circonstances fussent peu propres à inspirer une grande confiance dans une entreprise exécutée d'ailleurs avec des forces aussi peu considérables, le général Gyulai, considérant qu'il s'agissait principalement d'attirer l'attention de l'ennemi, et de le contenir aussi long-temps que possible pour faciliter les attaques de l'armée principale et de l'armée de Silésie, n'hésita pas un seul instant à attaquer les Français avec toutes ses troupes disponibles. C'est dans ces intentions qu'il ordonna la marche suivante sur trois colonnes :

La première colonne aux ordres du prince de Hesse-Hombourg, composée d'un bataillon de soldats de frontières, d'un bataillon de chasseurs, de la brigade Weigel, et de trente cosaques, devait se porter par la gauche de Mark-Ranstadt sur Leutsch par Ruckmannsdorf, Bohlitz et Ehrenberg. (Elle exécuta bien la marche prescrite, mais elle ne put, à cause des mauvais chemins, emmener de l'artillerie). De Leutsch, si toutefois elle se trouvait soutenue par l'artillerie de la deuxième colonne, elle devait attaquer Lindenau par le flanc.

La deuxième colonne, ayant en tête le comte Gyulai, se composait de trois bataillons, de toute la cavalerie, de trois batteries de brigade, et d'une batterie de position de 12 pièces. Elle fut dirigée par Mark-Ranstadt sur la route de Schonau, où se trouvaient aussi la division de Lichtenstein, les partisans de Thielmann et de Mensdorf. Cette colonne devait faire une attaque de front vers Lindenau sur la grande route et canonner vigoureusement Lindenau, afin de faciliter, autant que possible, les attaques des colonnes des ailes. La troisième colonne, formée de la brigade Csollich et du reste de la division légère Lichtenstein, eut ordre de se porter sur Klein-Zsocher, pour marcher ensuite de même sur Lindenau.

Eu égard au petit nombre de troupes, on ne pouvait laisser en réserve près de Schonau que les deux bataillons de Kollowrath. Le général Gyulai se voyait d'autant plus contraint d'amener au combat la plus grande partie de ses forces disponibles, qu'il n'ignorait pas qu'il aurait, sur ce point, affaire à tout le quatrième corps français du général Bertrand, composé de 15,000 hommes et qui venait en outre de recevoir un renfort de 4,000 chevaux.

Déjà toutes les colonnes avaient atteint leurs positions respectives, mais on jugea nécessaire de différer l'attaque, attendu qu'on ne voyait pas encore arriver l'armée de Blücher. Comme on avait même déjà quelque inquiétude pour les derrières de la première colonne, on envoya un bataillon de la colonne du centre à Dolzig, pour garder les passages de la Luppe près de Horbourg et de Maslau, et protéger sur ce point la première colonne.

Sur ces entrefaites on reçut avis de la tour de l'Observatoire de Rannstadt, que l'armée principale était engagée au-delà de l'Elster et de la Pleisse. Cette nouvelle devint aussitôt le signal d'attaque pour le corps de Gyulai.

A peine les Français se furent-ils aperçus du mouvement en avant de la colonne principale, conduite par le général Gyulai, qu'ils débouchèrent de Lindenau sur plusieurs colonnes d'infanterie et de cavalerie, et se formèrent en deux lignes sur la hauteur de Plagwitz; ils avaient placé en outre tout autour de Lindenau des forces considérables. Le général Gyulai les fit attaquer par sa cavalerie, qui exécuta deux charges brillantes et repoussa l'ennemi jusque sous ses batteries, près Lindenau. Comme cette cavalerie n'avait plus rien à faire de ce côté, elle se forma, en refusant son aile droite, en échelons sur la grande route, afin de protéger l'artillerie destinée à canonner Lindenau.

Pendant cet intervalle, l'infanterie se forma en colonnes d'attaque sur les deux ailes. La colonne de droite aux ordres du général Csollich attaqua le village de Klein-Zsocher qui fut emporté après la plus vigoureuse résistance, par les braves bataillons de Brooder, et le septième bataillon de chasseurs, commandé par le colonel Veyder.

La colonne se porta ensuite vers Plagwitz pour enlever également ce point important; mais l'ennemi ayant fortement occupé ce village, et posté dans les environs des masses considérables, soutenues en outre par une nombreuse artillerie placée au-delà de l'Elster, tous les efforts des Autrichiens furent paralysés. Accueillies par un feu terrible de mousqueterie et par une grêle de balles, leurs attaques, quoique exécutées avec une grande vigueur, furent sans cesse repoussées. Enfin, poursuivi par la cavalerie française, le détachement du colonel Veyder se trouva tellement serré, que ses bataillons formés en masses par divisions, étaient complétement cernés. Ce fut dans ce moment que les cosaques, restés jusqu'alors en arrière, se portèrent tout à coup en avant, et chargeant vigoureusement et en colonnes serrées (charge qu'on n'avait pas encore vu exécuter par ces troupes) la cavalerie formidable des Français, contribuèrent puissamment à la délivrance du détachement.

Durant l'attaque de Klein-Zsocher, la colonne du prince Philippe de Hesse-Hombourg avait également rempli sa tâche. Tombée sur l'ennemi tout près de Leutsch, elle le repoussa et emporta le village. Cependant cette colonne eut à vaincre de grandes difficultés que présentait le terrain et que du reste on avait prévues. Le sol coupé par des fossés et couvert de bois, facilitait singulièrement la défense de l'ennemi, et on fut réduit à enlever le terrain pied à pied.

La colonne parvint enfin, après d'incroyables efforts, à s'approcher de Lindenau. Pour seconder les attaques des deux colonnes des ailes, l'artillerie de la colonne du centre, postée sur la chaussée, avait de son côté canonné vivement le village dont une partie devint la proie des flammes. D'autre part, la batterie de position de 12 avait dirigé un feu roulant contre les flancs des masses ennemies placées près Plagwitz. La cavalerie française si supérieure en nombre, et qui s'était repliée, comme il a été dit plus haut, derrière son infanterie, éprouva surtout une grande perte et fut contrainte de se retirer dans les bas-fonds de la Luppe. Mais en revanche les masses d'infanterie française ne bougèrent pas de leur position près Plagwitz (1), position qu'elles n'avaient

(1) Plagwitz n'est éloigné que de 700 pas de Lindenau, où les Français ne cessèrent de se maintenir; il était donc de la dernière

pas même abandonné, alors que les progrès de l'aile gauche du prince de Hesse-Hombourg leur devenaient si fatals.

Nous quittâmes le prince au moment où il pénétra par Lindenau dans le flanc droit de l'ennemi. Le village, qui est entouré de murs de ce côté, n'offrait que peu de passages, tandis que le côté de Leipzig, qui est ouvert, se trouvait protégé par le feu des batteries françaises placées au-delà de l'Elster. Cependant rien ne put ébranler le courage des Autrichiens, qui marchant à l'attaque avec un sang-froid imperturbable, pénétrèrent dans le village où ils furent bientôt écrasés par l'artillerie française. Attaquées ensuite par l'ennemi, qui revint sur ses pas, ces braves troupes furent hors d'état de se maintenir plus long-temps, et Lindenau fut évacué avec la même promptitude qu'il avait été pris.

Toutefois les Autrichiens revinrent à la charge, et après un combat sanglant, huit compagnies du régiment Mariassy, et le deuxième bataillon de chasseurs pénétrèrent dans Lindenau et y enlevèrent 2 canons. Mais on s'aperçut de nouveau qu'il était plus facile d'arracher ce village à un vaillant ennemi que de s'y maintenir. De son côté, l'empereur Napoléon avait senti toute l'importance de ce point, qui servait aux Français de tête de pont, et il l'avait en conséquence fortement occupé. Les batteries ennemies placées au-delà de la Luppe et de l'Elster et notamment sur la digue, balayèrent le village dans toutes les directions, et leur feu devint bientôt si efficace qu'il fut impossible d'y résister, et encore moins de s'avancer vers les deux ponts sur la Luppe,

importance de ne pas laisser les passages de leurs ponts au pouvoir des Autrichiens.

défendus en outre par de l'infanterie postée au-delà. Néanmoins les Autrichiens, rentrés dans Lindenau, parvinrent à s'y maintenir encore pendant quelque temps, en se barricadant derrière les maisons et les murs; mais ils échouèrent bientôt dans ce dernier moyen, et furent forcés de renoncer à tous les avantages qu'ils avaient déjà remportés sur l'ennemi, et de lui abandonner non-seulement le village, mais encore les canons qu'ils lui avaient précédemment enlevés. Ainsi, comme dans ces circonstances la possession de Lindenau ne pouvait offrir aux Autrichiens des avantages réels, la perte du village ne fut pas considérée comme d'une importance majeure (1).

(1) Quelques écrits publiés dans les pays étrangers ont voulu imposer aux troupes du général Gyulai une tâche qu'il eût été difficile de remplir. Suivant eux, « ces troupes auraient dû se maintenir à Lindenau et détruire de là les ponts qui conduisent à Leipzig. » Mais l'armée de Silésie de Blücher, destinée à attaquer ce jour-là Leipzig avec 110,000 hommes, n'avait pu, malgré sa quintuple supériorité sur le corps de Marmont, qui comprenait à peine 20,000 hommes, s'emparer des passages de Leipzig. Et on eût cependant voulu que Gyulai avec son corps isolé et démembré, qui ne pouvait d'ailleurs compter sur aucun secours, et qui manœuvrait dans un terrain si peu favorable à l'attaque, eût fait à un ennemi d'une immense supériorité, tout le mal que ni Blücher, ni l'armée principale n'avaient pu eux-mêmes lui causer! Les résultats du combat du 16 octobre n'ont jamais été bien jugés, et en supposant même que Gyulai eût réussi à se maintenir plus long-temps sur ce point, il est absurde de

Tel était l'état des choses, lorsque le deuxième corps, avec lequel on était resté en communication pendant toute la journée, fit connaître le non-succès de son attaque contre

prétendre qu'il eût pu obtenir des résultats qui n'étaient nullement en rapport avec ses forces.

Parmi tant de reproches adressés à ce général, il faut principalement faire mention de ceux que contient un écrit qui parut à Berlin en 1825 sous le titre de : *Considérations sur les grandes opérations militaires et sur les batailles des campagnes de* 1813 *et* 1814 *par C. de* W*** (*Müffling*). On y lit, page 83 : « Gyulai se « trouvait avec des forces supérieures à Lindenau. »

Déjà cette assertion, ainsi que nous venons de le démontrer, n'est aucunement exacte. On lit plus loin :

« Son infanterie emporta Lindenau, et l'ennemi se retira sur « deux ponts. »

Cette assertion n'est pas plus fondée que la première, car les Français, formés en masse sur les deux rives de la Luppe, occupèrent continuellement Plagwitz, et cette circonstance seule mettait Gyulai dans l'impossibilité manifeste d'enlever les ponts. L'auteur continue :

« Le général Gyulai n'aurait-il pas pu détruire le premier « pont ? »

D'après ce qu'on vient de dire, il est inutile de répondre à la question.

« Car si le général l'eût effectué, il eût rempli sa mission de la « manière la plus brillante. »

Cette mesure, de détruire les ponts qui conduisaient à la position ennemie qu'on devait attaquer, eût sans doute paru extraordinaire au commencement d'une bataille dont le succès pa-

Connewitz, défendu par un ennemi très supérieur en nombre.

Ce corps se maintint néanmoins près du passage de Losnig, car il avait reçu du grand quartier-général l'ordre d'at-

raissait encore extrêmement douteux. En pareille circonstance, il ne faut pas songer à détruire l'armée de son adversaire, à la couper ou à la cerner ; on doit au contraire s'estimer très heureux de remporter un succès quelconque, et pour l'obtenir, on ne doit pas même hésiter à faire à l'ennemi un pont d'or pour sa retraite.

L'auteur dit enfin :

« Le général Blücher jugea nécessaire de tenter quelques ef-
« forts pour détruire les ponts de Lindenau. »

Cette dernière assertion n'est pas plus fondée que les autres, car on n'avait fait aucun préparatif pour cette opération , et les dispositions prescrites par le général Blücher au comte Gyulai, avant la bataille, n'en font aucune mention ; il est donc évident, positif, que, dans la journée du 16 octobre, on n'a jamais eu cette intention, ni du côté autrichien, ni du côté prussien, et que Blücher pas plus que les autres généraux n'y avait aucunement songé. Supposons maintenant que le général prussien ait réellement jugé convenable de détruire ces ponts, pourquoi alors a-t-il refusé constamment d'envoyer vers Lindenau le corps de Saint-Priest offert au général Gyulai par le généralissime, et dont Blücher eût pu se passer si facilement? S'il est vrai que la ruine de l'armée française ne dépendait que de la destruction de ces ponts, et qu'il ait été possible de l'effectuer, cette négligence ne doit être imputée qu'à l'armée de Silésie , qui malgré l'ordre qu'elle avait reçu, n'a jamais voulu prêter la main, sur ce point, aux opérations des Autrichiens.

tendre l'issue des événements à l'aile droite, avant de pénétrer
plus avant.

Par contre, on n'avait reçu aucune nouvelle de ce qui

Le général Jomini (*), ce modeste et savant auteur du Tableau de la campagne d'automne de 1813, qui n'avait qu'une
connaissance imparfaite du véritable état des choses, et du théâtre de la guerre sur ce point, est tombé dans la même erreur. Il
suppose, lui aussi, mais à tort, que Gyulai avait emporté Lindenau
et Plagwitz le 16, et rejeté le 4e corps français dans la plaine
derrière le Kühturn (tour des vaches) et derrière la Luppe, et il
ajoute :

« C'en était fait de l'armée française, si Gyulai eût rompu
« le pont de Lindenau. Aussi Napoléon qui craignait cet acci-
« dent envoya-t-il l'ordre d'emporter ce pont à tout prix. L'ordre
« fut exécuté, et les Autrichiens furent chassés et repoussés dans
« leur position primitive. »

Nous devons faire remarquer ici que ces ponts étaient revêtus
de maçonnerie, et que dans le cas même où l'on aurait pu s'en
rendre maître, il eût fallu beaucoup de temps et de grands travaux pour les détruire.

Cependant le général Jomini continue ainsi :

« La prompte reprise de Lindenau par les Français a donné à
« croire à bien des militaires que Gyulai avait reçu l'ordre de ne
« point s'obstiner à défendre le village et surtout de n'en pas rom-
« pre les ponts. Nous ignorons jusqu'à quel point cette supposi-
« tion est fondée, mais nous croyons que la prudence conseillait
« en effet de ne pas placer l'armée française dans l'alternative de

____

(*) L'auteur du Tableau de la campagne d'automne de 1813, est M. de
Butturlin, et non le général Jomini.

s'était passé à l'armée de Silésie. Les patrouilles qu'on y avait envoyées n'étaient pas encore de retour. Comme le général Blücher avait mandé la veille au comte Gyulai par le capitaine Marschall ; que les corps de Langeron et d'York, forts de 40,000 hommes , et celui de Sacken fort de 20,000, arriveraient dans la soirée du 15, les deux premiers à Skeuditz, et le dernier à Gross-Kagel, on était donc au quartier-général du troisième corps , parfaitement rassuré sur cette partie du champ de bataille où devaient se rassembler des forces si imposantes, et on pouvait naturellement s'attendre aux plus beaux résultats.

Cependant la canonnade fut entretenue vivement sur

« vaincre ou de mourir, et qu'il y avait d'autant moins d'incon-
« vénients à lui laisser la route de Mark-Raustadt ouverte , que
« cette voie de salut était étroite, coupée d'une infinité de ponts,
« et en un mot un véritable défilé où son artillerie et ses équipa-
« ges devaient s'engouffrer. »

Les résultats nous ont prouvé au moins en partie la justesse de cette dernière observation.

L'auteur du Récit sur la coopération du 3e corps autrichien à la bataille de Leipzig, n'est point dépositaire des documents militaires laissés par le général Gyulai ; mais ayant été son aide-de-camp pendant plusieurs années, il a été à même dans les dernières campagnes contre les Français, de se rendre un compte exact des opérations de son général. C'est par ce motif, comme aussi pour d'autres raisons, qu'il se croit autorisé à donner dans la suite des éclaircissements sur les événements qui ont eu lieu pendant les campagnes antérieures de ce guerrier, et de rectifier ainsi beaucoup de jugements erronés et téméraires.

toute la ligne. Le prince de Hesse-Hombourg se jeta dans les prairies de la Luppe, et quoiqu'il lui fût impossible de pénétrer plus avant de ce côté, attendu que l'ennemi avait détruit les passages, il chercha néanmoins à contenir les Français par le feu de ses tirailleurs.

Vers les cinq heures du soir, on vit soudain régner une nouvelle activité sur toute la ligne ennemie. Les Français, protégés par un feu bien nourri, tentèrent deux fois de pénétrer dans Klein-Zoscher ; mais la brigade Csollich, renforcée par un bataillon du régiment de Frohlich, et soutenue en outre par son artillerie et par une brillante charge de Cosaques, aux ordres des colonels Orlow et Bock, les repoussa chaque fois avec perte.

La nuit fit enfin cesser le combat, et le troisième corps prit les positions indiquées ci-après : la chaîne d'avant-postes du colonel Mensdorf s'étendait de Klein-Zsocher jusqu'à Leutsch. Ce premier village fut occupé par le bataillon du régiment de Frohlich venu de Dolzig; Schonau le fut également par un autre bataillon de ce régiment et par le bataillon de Warasdiner-Kreutzer, ainsi que par une 1/2 batterie. Deux compagnies du bataillon Saint-Georges s'établirent à Leutsch, et les quatre autres du même bataillon à Barneck. Toutes les autres troupes vinrent bivouaquer près Mark-Rannstadt.

Le troisième corps, affaibli tant par ses nombreux détachements que par les troupes qu'il avait laissées pour garder les passages de la Saale, éprouva une perte de 2,000 hommes, sans qu'on lui eût fait un seul prisonnier, preuve irrécusable de la bravoure autrichienne. Aussi le général Gyulai a-t-il parfaitement rempli sa tâche. Il a contenu le corps de Bertrand, forcé l'ennemi à détacher beaucoup de monde, enlevé Leutsch et Klein-Zsocher, et en se rendant maître des prairies de la Luppe, il est parvenu à rétablir la communication avec l'armée de Silésie.

Quoique de brillantes actions eussent illustré le vaste champ de bataille, elles ne purent cependant amener un succès décisif. L'empereur Napoléon avait dirigé son attaque principale contre l'armée de Bohême, dont plusieurs corps se trouvant près de la route de Naumbourg à Erfurth, auraient pu inquiéter sa retraite. Sur l'aile droite et au centre, un combat s'engagea autour des villages de Dolitz, Wachau et Liebertwolkwitz, à la suite duquel les Français furent repoussés jusqu'à Markcleberg et Wachau. Ainsi l'armée de Silésie fut victorieuse sur le fameux champ de bataille de Breitenfeld, et les Français, contraints à fuir derrière la Parthe, furent poursuivis jusqu'aux faubourgs de Leipzig.

L'ennemi se tint tranquille pendant toute la nuit; cependant, dans la matinée du 17 octobre, on apprit par les avant-postes qu'il faisait mine de vouloir attaquer. En conséquence, les troupes qui occupaient le camp de Mark-Ranstad se tenaient prêtes à marcher sur Schonau. Mais le silence s'étant bientôt rétabli aux avants-postes, elles ne quittèrent pas le camp.

Pendant cette alerte, le prince de Schwarzenberg envoya s'assurer des événements survenus la veille à l'aile gauche et notamment à l'armée de Silésie; il annonça en même temps que les efforts de l'ennemi dirigés contre l'aile droite avaient entièrement échoué, et que la division Bianchi lui avait enlevé 8 canons. En retour, on apprit que le général Meerveldt, commandant le deuxième corps, avait été pris par les Français, et le général Lederer, qui le remplaça, informa le comte Gyulai, que les corps de Colloredo et de Benningsen devaient exécuter une attaque dans l'après-midi du 17 octobre. L'ordre qu'avait reçu la brigade Meesery de se rendre à Grobern, semblait confirmer cette nouvelle.

Cependant aucune disposition pour le 17 n'était encore parvenue au comte Gyulai. Ce ne fut qu'à une heure 1/2 que le capitaine Schulenbourg arriva au quartier-général avec une dépêche du prince de Schwarzenberg qui prescrivit au troisième corps de passer sur le champ la Pleisse et de marcher sur Grobern. Le général Gyulai dirigea aussitôt ses troupes sur Krautheim et Gautsch. Les troupes légères du prince Maurice de Lichtenstein et les partisans de Thielmann se tinrent en observation devant Lindenau, tandis que Klein-Zsocher, Leutsch et Barneck continuaient à être occupés par les chasseurs autrichiens.

L'ordre de rapprocher le corps de Gyulai de l'armée principale était une bonne mesure, et tout à fait conforme aux besoins du moment. Car Gyulai, trop faible pour remporter seul un succès quelconque sur l'ennemi, et même pour entraver sa retraite, pouvait au contraire devenir très utile sur le point décisif. Mais son corps était à peine en marche depuis une heure, que les dispositions dont nous venons de parler furent changées, et à 3 heures moins un quart, lorsqu'il voulait suivre son avant-garde, on lui remit un autre ordre, d'après lequel il ne devait remplacer la division Aloys de Lichtenstein sur la rive droite de la Pleisse, qu'après avoir été remplacé lui-même par le général Saint-Priest. Cet ordre était daté du 17 octobre, des hauteurs de Grobern.

Après l'arrivée de cette dépêche, on reçut aussi les dispositions pour le 17, qui fixaient l'attaque de l'armée principale pour deux heures après midi. Les corps de Gyulai et de Lederer devaient attaquer à la même heure, ou se borner à de simples démonstrations s'ils ne pouvaient se porter en avant. Mais comme cette nouvelle instruction n'était parvenue qu'à 3 heures après midi, le moment de l'attaque était passé, et les troupes étaient déjà en marche sur Grobern. En outre, le temps pluvieux et orageux qu'il faisait alors, ne permit pas d'observer les mouvements de l'armée principale, et on ignorait absolument si, de son côté, elle avait réellement attaqué l'ennemi. Le général Gyulai, qui ne devait plus compter que ses troupes arriveraient à temps aux points indiqués, se décida néanmoins à attaquer l'ennemi avec les faibles forces dont il pouvait disposer. A cet effet, il ordonna aux chasseurs, aux troupes légères et aux postes de cavalerie, d'avancer sur toute la ligne. La brigade Csollich, qui s'était approchée de Krautheim, retourna à Klein-Zsocher, où elle arriva à l'entrée de la nuit. Quoique l'orage se fût dissipé, un silence absolu régnait sur toute la ligne de bataille; on aurait cru qu'aucune des attaques projetées n'avait été exécutée. En conséquence, on fit cesser le feu des tirailleurs, et la brigade Csollich vint bivouaquer près de Gross-Zsocher pour assurer les communications avec l'armée principale. Les autres troupes entrèrent peu à peu pendant la nuit dans leurs anciennes positions. La division Crenneville seule ne revint pas; car elle avait gagné Grobern, où elle s'était campée. Le contre-ordre ne lui étant pas parvenu à temps, elle reçut une nouvelle instruction de retourner dès la pointe du jour à Gross-Zsocher.

Le troisième corps autrichien et le corps russe de Langeron employèrent toute la journée du 17 octobre à se préparer à de nouveaux combats, tandis qu'un repos général régnait sur le reste du vaste champ de bataille. La colonne française du général Arrighi fut attaquée à Eutrisch par le corps de Langeron et repoussée jusqu'aux portes de Leipzig.

Benningsen, Colloredo et le prince royal de Suède arrivèrent dans la soirée avec leurs troupes sur le champ de bataille.

Si la nuit fut tranquille, la matinée devint orageuse. Le 18 octobre, on apprit de bonne heure que l'ennemi débouchait avec des forces nombreuses de Lindenau et qu'il se précipitait sur nos avant-postes. Gyulai, faisant aussitôt avancer toutes ses troupes, les forma en bataille, de manière à ce que l'aile droite fût appuyée à Klein-Zsocher, et l'aile gauche aux hauteurs de Schonau. L'artillerie de réserve fut envoyée à Eytra pour y passer l'Elster si le cas l'exigeait. En attendant, l'ennemi continua vivement à faire replier nos avant-postes. Un brouillard épais avait jusqu'alors caché tous ses mouvements. Mais le soleil ayant commencé à paraître, on remarqua que des colonnes françaises se portaient vers Klein-Zsocher, occupé par le premier bataillon de chasseurs autrichiens, et l'on vit en même temps les têtes de deux autres colonnes, dont l'une suivait la route de Lutzen et l'autre celle de Mersebourg. Une forte colonne de cavalerie française se déploya à Schonau et fondit sur notre aile gauche.

Quelle que fût l'intention de l'ennemi, en exécutant ce mouvement, il dut singulièrement inquiéter le général Gyulai : car des trois divisions qui composaient son corps d'armée, celle du général Murray avait été détachée en grande partie sur la Saale, et celle du comte Crenneville était restée sur la rive droite de l'Elster. Quant aux bataillons dont il pouvait encore disposer, ils étaient déjà réduits le 16, au cinquième de leur effectif, et ce qui en restait était épuisé par les marches et les contremarches des journées précédentes (1).

(1) Et c'est avec ces faibles troupes que l'auteur des *Considéra-*

Dans ces circonstances critiques, le comte Gyulai jugea convenable, avant que sa communication avec l'armée de Silésie fût entièrement interceptée, de prévenir Blücher, des attaques dirigées contre lui, afin que ce général poussât le corps de Saint Priest sur les flancs de l'ennemi pour arrêter ses progrès. Le général Gyulai prévint également la division Murray, qui occupait Weissenfels et Naumbourg de se tenir sur ses gardes contre les attaques des Français.

Revenons maintenant aux mouvements du corps français, composé de l'infanterie du général Bertrand et d'un corps considérable de cavalerie. Ces troupes avaient continué leurs attaques contre Klein-Zsocher avec tant d'impétuosité que le troisième bataillon de Kottulinsky aux ordres du lieutenant-colonel Arbter ne put résister plus long-temps. Les Français, avançant sur trois colonnes, forcèrent les chasseurs de se replier dans les prairies, et firent prisonniers la plus grande partie du bataillon ainsi que son brave commandant. Mais le lieutenant-colonel Arbter parvint à se faire jour jusqu'à l'entrée du village, où il se défendit avec le courage du désespoir ; jusqu'au moment où, blessé d'une balle, il tomba de cheval. Alors les Français débouchant de tous les côtés, firent prisonnier le lieutenant-colonel mourant, ainsi que 300 hommes presque tous grièvement blessés.

Durant ces entrefaites, on vit arriver un bataillon du régiment de l'Empereur, commandé par le major Breda mais l'ennemi était déjà en marche vers Klein-Zsocher Cependant, comme ce bataillon avait été soutenu par un feu d'artillerie bien nourri, il parvint à arrêter momentanément les

tions sur les campagnes de 1813 *et* 1814, aurait voulu que Gyulai enveloppât et anéantît le 4e corps français !

progrès de l'ennemi, et il occupa les barricades de Gross-Zsocher. Près de ce village s'était formée en masse par bataillons, la brigade Csollich, qui n'était plus composée que de trois bataillons.

Comme la colonne française s'avançait de plus en plus sur la route de Lutzen vers Mark Rannstadt, sans que nos faibles troupes pussent l'en empêcher (1), on attira l'aile gauche vers l'Elster; ce mouvement protégé par la cavalerie de Lichtens-

(1) Nous revenons encore sur les *Considérations sur les campagnes de* 1813 *et* 1814.

L'auteur, en parlant de la marche sur la Saale du 4_e corps français, commandé par le général Bertrand, s'exprime ainsi, page 87.

« Il aurait pu se faire que le général Gyulai enveloppât et bat-
« tît complétement le petit corps de Bertrand dans les plaines
« entre Leipzig et Lützen. »

L'auteur, en écrivant ces lignes, n'avait aucune connaissance de l'état des choses, et il ne s'est pas même rappelé qu'il avait dit page 86 :

« Bertrand, victorieux, pouvait envoyer un renfort de
« 10,000 hommes de Lindenau, pour soutenir l'attaque des
« Français contre la grande armée alliée. Il y avait donc alors
encore possibilité pour l'empereur Napoléon de vaincre. »

Et voilà que tout à coup ce *petit corps* peut détacher 10,000 hommes le jour d'une bataille.

Tous les témoins oculaires pourront certifier que ce prétendu *petit corps* s'élevait à son départ de Leipzig de 24 à 30,000 hommes, et quoique l'auteur prétende « que la marche de ce
« corps de Lindenau à Weissenfels était une mesure singulière

tein, et les partisans de Thielmann, fut exécuté sans grande
perte. Mais le bataillon de chasseurs resté à Leutsch ne put
rejoindre son corps d'armée. Coupé sur tous les points de
ses communications, et ne pouvant échapper aux poursuites
des Français qu'en franchissant la Luppe et l'Elster, il rejoi-
gnit l'armée de Silésie. Le même sort eût été réservé au
régiment Frohlich , placé au-delà de la route de Lutzen, si
on était parvenu à lui faire traverser cette route.

Pendant que les troupes de Gyulai étaient aux mains avec
un ennemi si supérieur en nombre, le capitaine Adelstein
de l'état-major-général porta au comte l'ordre de passer sur
le champ la Pleisse, afin de rejoindre l'armée principale. Le
général Crenneville ayant appris cette nouvelle en route , fit
halte avec sa division à Gautsch. L'aile gauche se mit en

« que rien ne saurait justifier. » Nous nous permettons de ne
pas être de son avis. En effet, Napoléon, justement inquiet pour
sa ligne de retraite , s'était rendu le 18 à 3 heures du matin à
Lindenau auprès du général Bertrand, pour lui donner les instructions relatives à sa marche sur Weissenfels, sur la manière de
balayer la plaine de Lutzen , et de s'assurer du passage de la
Saale ; instructions qui furent exécutées ponctuellement par ce
général. On ne saurait donc douter, sans accuser le génie de Napoléon , qu'il n'eût mûrement examiné toutes les circonstances,
et qu'il n'eût mis dans les mains de Bertrand tous les éléments
nécessaires pour vaincre l'ennemi. Le succès de cette importante mission a d'ailleurs prouvé la réalité de ce que nous venons d'avancer.

L'auteur continue :

« Mais Gyulai n'a pas jugé à propos de poursuivre ce petit
« corps, etc. »

marche , et le front fut d'abord occupé par la cavalerie de Lichtenstein , et ensuite par les partisans de Thielmann. Quant à la brigade du général Csollich, dont les mouvements avaient été dirigés jusqu'alors avec tant d'habileté, elle resta encore quelque temps dans sa position , et parvint , à l'aide d'un feu bien nourri , à contenir l'ennemi et à faciliter le départ du corps d'armée. Après cela cette brigade franchit également l'Elster , et on ne laissa sur la rive gauche que de la cavalerie et quelqu'infanterie légère.

Cependant, comme l'ennemi avançait rapidement sur la

Puisque notre auteur se croyait appelé à juger les opérations qui ont eu lieu sur ce point du champ de bataille, il eût dû faire sa critique avec bonne foi, sans y mêler de l'ironie. Son blâme n'est nullement fondé, et nous regrettons qu'il se soit si peu pénétré de la maxime qu'il a mise en tête de son ouvrage : « *La critique est aisée, et l'art est difficile ;* » autrement il aurait profondément médité son sujet, avant de juger aussi légèrement.

On lit plus loin : « La question est de savoir si après le départ du 4e corps français on n'eût pas pu enlever et détruire le pont de Lindenau ? »

L'infanterie de Gyulai était partie. Qui donc aurait dû enlever et détruire ces ponts ? Étaient-ce les partisans restés en arrière ? La cavalerie de Lichtenstein et de Thielmann ? ou bien l'auteur s'imagine-t-il que Napoléon n'aurait pas rempli par d'autres troupes le vide qu'avait laissé dans sa ligne de bataille le départ du corps de Bertrand, et qu'il se serait ainsi privé de la seule voie de salut qui lui restait ?

Le style de l'auteur est aussi très curieux, quand il veut déroute de Lutzen vers Mark-Rannstadt, on était à peu près certain qu'il allait se porter sur la Saale et opérer sa retraite. Le comte Gyulai donna connaissance de ce mouvement au grand quartier-général, où on ne s'attendait pas encore à recevoir une nouvelle d'une si grande importance. La journée du 16 n'avait d'ailleurs produit aucun changement sur l'ensemble des opérations, et comme Napoléon avait dans la nuit du 17 au 18, resserré toute sa ligne de bataille, il

montrer que l'armée principale est redevable à l'armée de Silésie de ne pas avoir été battue.

Il dit, page 84 : « Au moment où Blücher attaqua le maré-« chal Marmont, celui-ci était en marche de Leipzig pour se porter « contre l'armée principale près Liebertwolkwitz. Si ce maréchal « n'avait pas été arrêté par Blücher, Napoléon aurait eu 20,000 « combattants de plus, et l'armée principale des alliés eût proba-« blement été battue. C'est donc Blücher qui aurait battu le ma-« réchal Marmont près de Moeckern. »

L'auteur pense-t-il donc sérieusement que l'empereur de Russie aurait donné 60,000 Russes au brave Blücher uniquement pour que l'armée de Silésie demeurât simple spectatrice de la bataille de Leipzig, et ne pût pas même tenir en échec les 20,000 hommes de Marmont ?

Cependant l'auteur veut bien convenir, page 86 « que Gyulai « avait tout aussi bien contribué avec ses faibles forces à la vic-« toire de Leipzig que Blücher lui-même. »

En cela il a raison, car c'est Gyulai qui arrêta le 16 le corps de Bertrand à Lindenau, et empêcha ainsi Napoléon de pouvoir lui faire prendre part à l'attaque contre l'armée principale des alliés. *Suum cuique !*

avait naturellement, par cette manœuvre, augmenté ses forces. Ces préparatifs donnaient à penser qu'une nouvelle bataille sanglante, qui nécessiterait la réunion de toutes les forces des alliés, allait avoir lieu, et c'est pourquoi on avait cherché à ramener les troupes de Gyulai vers l'armée principale.

Mais comme la retraite des Français devint de plus en plus probable, on jugea que la présence du troisième corps n'était plus nécessaire, sur la rive droite de la Pleisse, et les troupes reçurent ordre de s'arrêter à Gautsch. Gyulai fit occuper le point de passage de Krautheim.

Peu de temps après, ce général reçut une lettre du prince de Schwarzenberg, dans laquelle, vu le changement de l'état des choses, celui-ci s'exprimait ainsi : « La présence du « corps de Gyulai sur la rive gauche de l'Elster est de la « plus haute importance, attendu qu'il ne s'agit pas de battre « l'ennemi, mais bien de l'observer, et d'assurer la route « qui conduit à Zeitz et à Pégau. Dans le cas où Gyulai se- « rait forcé à la retraite, il occuperait Pegau, romprait le « pont, et défendrait le village jusqu'à la dernière extrémité. « On retirerait alors l'infanterie de Naumbourg, et le capi- « taine Zadubsky, du régiment de chevau-légers Rosenberg, « se tiendrait au-delà de la Saale pour détruire le pont de « Kosen, si les circonstances l'exigeaient; il se replierait en- « suite sur Saalfeld, la mission de cet officier étant d'obser- « ver les mouvements de l'ennemi sur la Saale et d'en « rendre compte. »

D'après ces dispositions, Gyulai, qui n'avait pas perdu de vue un seul instant l'ennemi sur l'Elster, ordonna à sa cava- lerie de le poursuivre sans relâche. Pendant que celle-ci exé- cutait cet ordre, on reçut une seconde dépêche du prince de Schwarzenberg dont voici le contenu : « L'ennemi, qui

« se voit pressé de tous les côtés, se portera probablement
« sur Naumbourg. Le général Gyulai fera son possible pour
« le prévenir sur ce point et pour gagner la position de Ko-
« sen, dont il défendra le pont jusqu'à la dernière extrémité.
« Toute la cavalerie autrichienne et le corps de Meerveld
« seront concentrés demain 19 de bon matin près de Pegau,
« pour prendre de là la direction de Naumbourg que le gé-
« néral pourra seul leur indiquer. Si le comte Gyulai était
« pressé de trop près par l'ennemi, il se retirerait sur Zeitz et
« ferait filer les équipages sur Altenbourg. Dans le cas où la
« position de Kosen ne serait plus tenable, on brûlerait le
« pont afin d'éviter tout échec. »

En conséquence de cet ordre, les corps de partisans de
Thielmann et de Mensdorf furent dirigés vers Naumbourg,
et la division de Hesse-Hombourg, sur Pegau. Le reste du
corps d'armée devait suivre ses troupes à deux heures du
matin. D'après les rapports du général Salins, il occupait
encore le 18 Naumbourg, Cambourg et Dornbourg, où il
avait fait rompre les ponts. Il était encore maître du pont
de Kosen, qui était gardé par une compagnie et deux canons.

Les résultats de cette journée décidèrent du sort des deux
armées. Le combat commença de grand matin sur toute la
ligne. Les Français furent défaits à Probstheide et à Kon-
newitz. Le prince royal de Suède était arrivé à Paumdorf.
Blücher avait franchi la Parthe, et à trois heures après-midi
la victoire s'était déclarée pour les alliés. Napoléon abandonna sa position autour de Leipzig, et ne songea plus qu'à
ses moyens de retraite. Vers le soir, les Français furent repoussés de tous les points sur Leipzig.

Le 19 octobre, à 2 heures du matin, les troupes qui se
trouvaient encore au camp de Krautheim et de Gautch, mar-

chèrent également sur Pegau. Elles y arrivèrent en même temps que les corps de Lederer et de Nostiz, et se rendirent avec le restant du corps de Gyulai à Naumbourg. Mais le général Nostiz, commandant la cavalerie de réserve, reçut bientôt une dépêche du prince de Schwarzenberg, datée du quartier général de Rotha, du 18 octobre, dans laquelle on lit le passage suivant :

« D'après les ordres envoyés aux généraux Gyulai et
« Lederer, le deuxième corps autrichien et la cavalerie de
« réserve devaient se réunir, le 19, de bon matin, à Pegau ;
« mais comme les mouvements de l'ennemi ne se sont pas
« encore développés, le feld-maréchal juge convenable de
« révoquer son ordre, et en instruit en même temps le gé-
« néral Lederer. »

Comme le général Gyulai ne reçut aucune communication de ces nouvelles dispositions qui le regardaient d'une manière si spéciale, il est hors de doute que la dépêche fut égarée. Cette circonstance et le manque de nouvelles des événements survenus à l'armée principale, engagèrent le général Lederer à revenir sur ses pas avec le deuxième corps, et à rejoindre l'armée principale.

Quoique le général Gyulai dût également penser qu'il recevrait quelque ordre relatif aux changements à faire dans les dispositions concernant son corps d'armée, il ne crut cependant pas devoir les attendre plus longtemps, d'autant moins que le général Murray avait mandé de son côté qu'il avait quitté Weissenfels, après avoir rompu le pont, et s'était retiré à Zeitz, où était aussi arrivé le général Salins, venant de Naumbourg, sans que celui-ci eût pu faire détruire préalablement le pont de Kosen, qui, étant construit en pierres de taille, aurait exigé trop de temps pour le faire sauter. Le général Salins voulut attendre à Zeitz les compagnies qu'on avait laissées à Friebourg, Kosen, Cambourg et Dornbourg.

Comme les passages près Naumbourg étaient entièrement découverts, le comte Gyulai partit avec son corps pour s'y rendre par Teuchern. Le général Murray et la brigade Salins reçurent également ordre de se porter à Teuchern. Mais la tête du corps de Gyulai était à peine arrivée à Dobergast, qu'elle rencontra une colonne de cosaques, dont les équipages étaient embarrassés dans un défilé étroit, ce qui empêcha la colonne de continuer sa route.

Dans cette circonstance, le général Gyulai apprit avec une vive satisfaction que le général Thielmann s'était rallié au colonel Mensdorf, à 3 heures après-midi, à Grobitz, à une lieue de Naumbourg, et qu'il était entré à 8 heures du soir dans cette ville, où il avait encore trouvé les cinq compagnies laissées par le général Salins, ainsi que l'escadron du capitaine Zadubski et deux canons. Après que le défilé de Dobergast eut été entièrement évacué, le général Gyulai partit le 20 octobre dès la pointe du jour. La division légère Lichtenstein, formant l'avant-garde, se porta sur Naumbourg, et fut suivie immédiatement par les autres troupes.

Cependant l'empereur Napoléon avait déjà quitté Leipzig, le 19 octobre, à 10 heures du matin. Alors les alliés emportèrent la ville d'assaut. Tout ce qui avait échappé de l'armée française, du champ de bataille, se pressa sur la route de Lindenau pour gagner Erfurth, Hanau et le Rhin.

Gyulai, à peine en marche pour Naumbourg, reçut une lettre du général Langenau, datée de Pegau du 19 octobre à minuit, dans laquelle ce général lui ordonnait, au nom du prince de Schwarzenberg, d'occuper Naumbourg aussi promptement que possible, de s'emparer des passages sur la Saale, et d'employer toutes les forces dont il disposait pour

atteindre un but si important. Dans cette dépêche, il est dit :
« Qu'il faudra déloger l'ennemi à tout prix de Naumbourg,
« si la ville est encore occupée par lui ; qu'on enverra au
« comte Gyulai, à Naumbourg, les pontonniers et les pon-
« tons dont on pourra disposer, afin d'y rétablir sur-le-champ
« le pont, dans le cas où il serait détruit ; qu'on enverra
« en outre dans la journée de demain, au troisième corps,
« une forte colonne russe, et la cavalerie du comte Nostiz,
« tandis qu'une autre colonne autrichienne se dirigera par
« Zeitz sur Naumbourg. »

Gyulai se hâta donc de devancer ses colonnes allant à
Naumbourg, afin de se convaincre par lui-même de l'état
des choses, qu'il ne trouva cependant pas si inquiétant qu'il
le croyait. Vers le soir, arrivèrent aussi près de Naumbourg
les 2 divisions d'infanterie de Hesse-Hombourg et de Murray, et dans la nuit les 4 brigades de cavalerie du comte
Nostiz. Toutes ces troupes vinrent bivouaquer autour de
la ville.

Pendant les différents mouvements de ces journées, les
détachements que le comte Gyulai avait envoyés pour observer l'ennemi, avaient fait éprouver à celui-ci sur plusieurs
points des pertes considérables. Ainsi, par exemple : le
général Scheiter, avec les 2 régiments de chevau-légers
Rozenberg et Vincent, ayant plusieurs fois répandu l'alarme
chez l'ennemi, dans la nuit du 19 au 20 octobre, celui-ci
laissa sur la route de Weissenfels un grand nombre de voi-
tures qu'il ne put emmener.

On apprit bientôt que plusieurs colonnes françaises étaient
arrivées à Weissenfels, et cherchaient à jeter un pont sur la
Saale, pour se diriger vers Friebourg, attendu qu'elles
avaient été forcées d'abandonner la grande route par la marche du corps de Gyulai, de Pegau sur Naumbourg. Le général

Blücher avait atteint de son côté Mersebourg; l'ennemi avait été repoussé des deux routes principales, et il ne lui restait plus que de mauvais chemins à parcourir pour opérer sa retraite.

A Naumbourg, le général Gyulai reçut les ordres du grand quartier-général du 20 au 22 octobre, d'après lesquels l'armée devait marcher vers Erfuth sur 2 colonnes : la première était composée du 3ᵉ corps (Gyulai), de 4 brigades de cavalerie (Nostiz), de la 2ᵉ division légère (Maurice de Lichtenstein), des gardes et réserves russes, et des deux corps de Wittgenstein et de Kleist. La deuxième colonne comprenait le 1ᵉʳ corps (Colloredo), le 2ᵉ corps (Lederer). La réserve d'infanterie autrichienne, et le 4ᵉ corps (Klenau). — Le 3ᵉ corps, la division Lichtenstein, ainsi que le général Nostiz, devaient se rendre le 20 à Naumbourg, le 21 à Eckartsberg, et le 22 à Buttelstadt. Les gardes russes et réserves devaient se porter le 20 à Teukern, le 21 à Hassenhausen, et le 22 à Eckartsberg. Les 1ᵉʳ et 2ᵉ corps de la deuxième colonne et l'infanterie de réserve devaient se diriger le 20 à Zeitz, le 21 à Eisemberg, et le 22 à Iéna. Le 4ᵉ corps resta le 20 à Kraschwitz, arriva le 21 à Grossen, et le 22 à Iéna. Le quartier-général était le 20 à Zeitz, le 21 à Eisemberg, et le 22 à Iéna.

Ces dispositions furent bientôt suivies d'un autre ordre, dans lequel le prince recommandait de nouveau d'atteindre Naumbourg dans la journée et de s'assurer dans tous les cas du pont de Kosen. On y lit encore :« Gyulai ne continuera « sa marche sur Eckartsberg qu'après l'arrivée de la tête de « la colonne russe ; mais il y enverra son avant-garde dès la « pointe du jour. »

Au reçu de cet ordre, l'avant-garde de Gyulai avait déjà occupé Kosen, ainsi que le pont de la Saale, et le gros de son corps allait aussi s'y rendre à la pointe du jour du 21, lorsqu'on vit arriver des ordonnances qui firent connaître que de fortes colonnes françaises venant de Friebourg, marchaient vers Kosen, en longeant l'Unstrutt. D'autres rapports, arrivés des avant-postes placés au-delà de la Saale, annoncèrent également qu'ils étaient attaqués par un ennemi supérieur en nombre. Alors le général Gyulai ordonna à la division légère Lichtenstein et à la brigade Salins de se porter sur-le-champ sur Kosen, et lui-même s'y rendit au galop, pour y faire ses préparatifs de défense. Il se convainquit bientôt que l'ennemi, favorisé dès la pointe du jour par un épais brouillard, avait atteint les hauteurs placées près de Neukosen (1) au-delà de la Saale, chassé nos avant-postes et canonné vigoureusement le pont qui était occupé par une compagnie de Warasdiner, et par les partisans de Mensdorf. Il y eut en ce moment une alarme, et les quatre compagnies du régiment archiduc Louis, ainsi que le colonel Veyder avec deux bataillons de chasseurs qui se trouvaient à Schulpforte et à Saale Altenbourg, accouraient pour se porter à la rencontre de l'ennemi, lorsque le comte Gyulai arriva sur le point menacé. Satisfait des mesures de défense qu'on avait prises, il fit passer la Saale au colonel Veyder avec le restant de ses chasseurs et le bataillon Brooder, pour soutenir les troupes qui étaient aux mains avec les Français.

Durant ces entrefaites, l'ennemi reçut des renforts considérables, et enleva en partie Kosen aux Autrichiens. Déjà,

____

(1) Neukosen est situé sur la rive gauche de la Saale, au pied d'un monticule escarpé, et il est séparé d'Alt-Kosen par cette rivière.

il se précipitait vers le pont, lorsqu'on vit accourir la brigade Salins ; mais le défilé étant très étroit, on ne put y déployer beaucoup de troupes. Un bataillon archiduc Louis fut aussitôt envoyé à la rencontre des Français, et les rejeta sur les hauteurs. Un autre bataillon occupa Neukosen.

L'ennemi avait pour lui tout l'avantage du terrain, car la rive gauche de la Saale domine la rive droite, et les hauteurs formant un demi-cercle, commandent le pont, en même temps que Neu et Altkosen.

Il était de la plus haute importance pour les Français de s'emparer du défilé et de détruire le pont, afin d'assurer leur retraite et d'empêcher les alliés d'avancer. Dans ce but, ils avaient placé sur les points les plus avantageux, plus de 20 pièces de gros calibre qui tiraient dans la direction des défilés étroits d'Altkosen, gardés par les Autrichiens, et ils avaient occupé en outre la crête des hauteurs avec des masses imposantes d'infanterie.

Dans cet intervalle, tout le troisième corps autrichien étant arrivé, le reste de la brigade Salins, qui était encore en réserve, fut envoyé pour soutenir les autres bataillons. Ce général employa tous ses efforts pour fortifier sa position dans Alt et Neukosen.

Le général Gyulai plaça son infanterie hors la portée de canon de l'ennemi, au pied des hauteurs sur les deux côtés de la route, de manière que la brigade Grimmer pût soutenir celle du général Salins, qui se trouvait dans le défilé. La cavalerie du troisième corps, qu'on ne put employer à cause des inégalités du terrain, fut placée dans un bas-fond derrière l'infanterie, et celle de la division Lichtenstein, sur la hauteur en avant de Flemmingen.

On ne cessa de se battre avec le plus grand acharnement pour l'occupation de Kosen. L'ennemi fit plusieurs fois relever ses troupes. Malgré cela, les tirailleurs autrichiens avancèrent sous un feu meutrier sur l'aile droite ; plusieurs détachements parvinrent à atteindre presque la crête des hauteurs escarpées ; mais là ils furent accueillis par des masses d'infanterie française qui les repoussèrent et les écrasèrent avec des blocs de rochers.

Les détachements de l'aile gauche furent plus heureux. Ils avaient occupé un fossé, d'où ils dirigèrent un feu violent contre l'ennemi. Mais celui-ci, voulant les en déloger à tout prix, commença à canonner notre position avec toute son artillerie, et se précipita en même temps en masse sur notre aile gauche. Repoussée par la supériorité du nombre, cette aile se jeta sur le village de Neukosen, où elle fut encore poursuivie par l'ennemi. Il était déjà maître du pont, quand le comte Gyulai, comprenant le danger de sa position, se mit à la tête d'un bataillon du régiment de Wurzbourg, marcha au pas de charge à la rencontre des Français, et les rejeta avec une grande perte au-delà du pont, avant qu'ils pussent même le rétablir.

Alors les Autrichiens fondirent de tous les côtés sur l'ennemi, qui, sous la protection de sa formidable artillerie, se replia dans sa position première, après avoir été contraint d'abandonner aux troupes victorieuses de Gyulai le défilé important du village de Kosen, disputé si long-temps aux Autrichiens par trois corps français (1).

(1) L'auteur du tableau de la campagne d'automne de 1813 a été mal informé du résultat du combat de Kosen. Il dit : « Le « même jour (le 21), Gyulai eut une affaire très chaude près de « Naumbourg. Le général avait fait couper par un détachement

La nuit fit enfin cesser ce combat sanglant. Au bout de quelques heures, l'ennemi, qui eut environ 1,000 hommes tant tués que blessés, abandonna les hauteurs de Neukosen. Gyulai le suivit de près vers Eckardsberg, et lui fit le lendemain 22 octobre encore 400 prisonniers parmi lesquels se trouva un aide-de-camp du prince de Neuchâtel.

« le défilé de Kosen. Ce défilé, qui présente la position la plus
« formidable du côté de Naumbourg, n'est susceptible d'aucune
« défense contre un ennemi débouchant de la rive gauche de la
« Saale. Aussi le général Bertrand, que Napoléon y envoya pour
« protéger sa retraite, n'eut-il pas de peine à en chasser les Au-
« trichiens. Une fois les ennemis maîtres du défilé, il était diffi-
« cile de les en déloger. En vain Gyulai en ordonna-t-il l'atta-
« que à plusieurs reprises, tous les efforts des Autrichiens y
« échouèrent devant une seule division, celle de Guillemi-
« not, etc. »

Cette version n'est pas exacte. Il est bien vrai que les troupes de Gyulai avaient été plusieurs fois repoussées du défilé et même une fois du pont; mais revenues sans cesse à la charge, elles enlevèrent de nouveau à l'ennemi et le pont et le défilé, et se maintinrent non-seulement dans leur position de Neukosen, mais encore dans le terrain qui s'étend de la rive gauche de la Saale jusqu'aux hauteurs escarpées et garnies de vignes. L'auteur de ce récit est d'autant plus à même de certifier ce fait, qu'en sa qualité de premier aide-de-camp du comte Gyulai, il avait deux fois passé le pont dans la chaleur du combat, pour porter des ordres verbaux au colonel Mensdorf qui se trouvait alors à Neukosen dans une situation assez difficile. En effet, si Neukosen n'eût pas été si vaillamment défendu par les troupes du colonel, et si l'ennemi eût pu rester seulement pendant quelques heures dans le

En revanche, le corps d'armée de Gyulai, qui avait su se maintenir sur un point si important pour les opérations subséquentes des alliés, avait essuyé des pertes non moins sensibles. La brigade de Salins eut à elle seule 800 tués ou blessés, et le fameux septième bataillon de chasseurs, commandé par le brave colonel Veyder, déjà réduit dans les combats précédents à la moitié de son effectif, eut encore à Kosen cinq officiers de blessés, dont deux moururent à la suite de leurs blessures (1).

défilé, il eût certainement détruit le pont pour mieux assurer sa retraite.

Les soi-disant bulletins de l'armée imprimés au quartier-général d'Elleben, à deux lieues d'Erfurth, sous la date du 26 octobre 1813, renferment également des faits inexacts sur le combat de Kosen. Ce n'est pas seulement une arrière-garde de l'ennemi qui avait été placée sur les hauteurs de Neukosen, mais tout le restant de l'armée de Napoléon, qui, n'ayant plus qu'une seule communication ouverte de Fribourg à Erfurth, devait s'efforcer d'atteindre à tout prix avant les alliés les points d'Eckardsberg et d'Auerstadt, et les empêcher autant que possible de déboucher du défilé. C'est pour cela que les Français renouvelèrent trois fois leurs troupes sur les hauteurs. Napoléon, qui s'y trouva en personne, n'arriva que le soir à Eckardsberg.

(1) Ce bataillon perdit, dans l'espace de onze jours, 19 officiers. Son digne commandant, quoique grièvement blessé à Leipzig, ne quitta pas ses chasseurs et les conduisit à l'ennemi avec son courage et son sang-froid ordinaires.

COMBAT DE HANAU.

La bataille de Hanau ayant suivi immédiatement celle de Leipzig, nous avons cru qu'il était convenable d'ajouter au récit de celle-ci la traduction du tableau historique du combat de Hanau, d'autant plus que ces deux écrits, en allemand, sont dus au même auteur, le colonel prussien de Plotho.

Dans sa retraite vers les frontières de la France, après la bataille de Leipzig, l'armée française trouva à Hanau, près de Francfort, toute l'armée bavaroise avec plusieurs divisions des armées russes et autrichiennes, qui, occupant une position forte et retranchée, pensaient arrêter les Français et leur fermer entièrement tout retour dans leur patrie.

La position occupée par les troupes alliées leur donnait d'immenses avantages : elle était considérée comme doublant réellement leurs forces.

Le général bavarois de Wrede, malgré sa bravoure et ses talents militaires, dut céder au génie supérieur de Napoléon. Les troupes alliées, après une résistance assez vigoureuse, furent battues et renversées par les troupes françaises qui leur passèrent sur le ventre.

L'auteur lui-même reconnaît que les Français arrivèrent le lendemain à Francfort sans que l'ennemi ait osé les poursuivre.

On ne peut partager l'opinion de cet écrivain qui

blâme le général de Wrede. Les dispositions de ce général furent très bien entendues, et il montra une grande valeur dans cette action. L'auteur pense qu'il aurait dû s'établir dans le défilé de Wertheim et non devant Hanau, mais ce défilé était facile à tourner; Napoléon était trop sage pour s'engager dans un tel passage, si l'ennemi l'avait occupé.

L'esprit de parti se montre trop à découvert dans le récit de la bataille de Hanau et dans celui de la bataille de Leipzig.

(Note de l'éditeur).

COMBAT DE HANAU,

LIVRÉ LE 30 OCTOBRE 1813.

TRADUIT DE L'ALLEMAND DE **PLOTHO**

PAR P. HIMLY.

Le général de Wrede avait été instruit depuis plusieurs jours
que l'armée française tout entière effectuait sa retraite dans
sa direction. Quoiqu'il ne se jugeât pas en état de fermer
cette retraite par la route de Francfort, il se décida néanmoins à lui tenir tête avec 36 à 40,000 hommes. Son principal but était de l'affaiblir par de vigoureuses attaques de
cavalerie dans la plaine de Hanau, et de l'accueillir ensuite
avec un feu d'artillerie bien nourri, lorsqu'elle déboucherait
de la forêt. Par conséquent l'avant-garde eut ordre de se replier sur la position principale de Hanau, aussitôt que l'ennemi l'aurait attaquée, tandis que la troisième division bavaroise viendrait former l'aile gauche de la première ligne.

Voici quel était l'ordre de bataille.

L'aile droite, composée de la deuxième division bavaroise
(comte Beckers), était postée sur les deux rives de la Kinzig,
depuis la métairie du Neuhof jusqu'au bois de Bulau, et en
ligne égale avec la maison dite Rodenbacher Haus, située
sur la chaussée. La brigade autrichienne (Klenau) était

placée derrière le pont de Lamboy comme soutien de cette aile.

Le centre comprenait la division autrichienne (Bach), qui, dans le cas où elle serait repoussée, devait se réunir à la troisième division bavaroise (Lamotte) et à la brigade du général Volkmann, de manière que cette infanterie occupait l'espace qui se prolonge entre la rive droite de la Kinzig jusqu'à la grande route de Gellenhausen, ayant en face la forêt de Lamboy.

L'aile gauche était formée de la cavalerie bavaroise et autrichienne ; elle était placée sur plusieurs lignes, à gauche de la route de Gellenhausen, vers les forêts de Bruchkobel et de Pappenwald. Sur les derrières de l'aile gauche et sur la grande route de Friedberg se déployaient les cosaques et les corps de partisans des généraux Tschernischef et Orlow-Denissow.

La réserve se tenait derrière la rive gauche de la Kinzig, le long du ravin de Rodenbach, et la brigade de grenadiers du général Diemar occupait l'intérieur de la ville de Hanau.

Aussitôt que la garnison française forte de 2,000 hommes eut, à 2 heures du matin, commencé à opérer sa retraite par Prengesheim et Bonamels, la première division bavaroise (comte Rechberg) parut et occupa dans la journée la ville de Francfort.

Déjà, à 8 heures du matin, l'ennemi attaqua vigoureusement les avant-postes de la troisième division bavaroise ; et, quoiqu'ils fussent très faibles, non-seulement ils se maintinrent à Ruckingen jusqu'à 10 heures, mais ils repoussèrent encore avec succès plusieurs attaques. Alors la division française (Charpentier), une division de la jeune garde (Friant), le deuxième corps de cavalerie (Sébastiani) et l'ar-

tillerie sous les ordres du maréchal Macdonald s'avancèrent
vers Ruckingen. En ce moment, on envoya le premier bataillon du huitième régiment de ligne bavarois pour renforcer les avant-postes ; mais ceux-ci furent néanmoins forcés
de céder à la supériorité de l'ennemi ; et, d'après les ordres
précédemment donnés, ils effectuèrent une retraite habile-
ment couverte par la deuxième brigade du général Deroy et
par le 2ᵉ régiment de chevau-légers.

Vers midi, toutes les troupes d'avant-garde étaient ren-
trées en ligne de bataille. La cavalerie s'était déployée sur
l'aile gauche dans la plaine et au centre ; dans l'espace
compris entre Hanau et la forêt de Lamboy étaient placées,
sous les ordres du général autrichien Strotnick, 60 pièces
de canon qui devaient accueillir l'ennemi débouchant
de la forêt, tandis que la cavalerie l'empêcherait de se
former.

Il était midi, lorsque l'armée française, forte de 60,000
hommes, dont 12,000 de cavalerie, déboucha en masses
serrées de la forêt de Lamboy. Elle dirigea sa première attaque contre le centre ; mais les 60 pièces placées sur ce point
déroutèrent par l'activité de leur feu tous ses projets, et lui
firent éprouver une perte considérable.

L'empereur Napoléon, reconnaissant l'impossibilité de se
faire jour de ce côté, ordonna une attaque sur l'aile droite.
Elle fut exécutée par 2,000 chasseurs du deuxième corps
d'armée sous les ordres du général Dubreton ; mais elle
n'eut pas plus de succès que les autres, et les Français furent rejetés dans la forêt. Le combat continua ainsi jusqu'à
3 heures de l'après-midi. Le feu de l'artillerie devenait de
plus en plus vif, toutes les tentatives des Français pour déboucher du bois furent repoussées, bien qu'ils combatissent
avec une admirable patience et un courage héroïque.

L'empereur Napoléon , qui n'avait nullement l'intention de gagner une bataille, ni le temps d'en attendre l'occasion, ne s'occupait plus que des moyens d'accélérer sa retraite. Comprenant qu'il n'avait d'autre parti à prendre que de se faire jour sur un point quelconque, et voulant exécuter à tout prix ce projet, il fit avancer en colonnes serrées son infanterie, à la tête de laquelle marchait la division de la vieille garde (Curial), tandis que toute sa cavalerie, y compris celle de la garde , exécuta une charge décisive sur le centre des alliés. Malgré le feu terrible de l'artillerie austro-bavaroise, ce corps d'armée se forma sur trois lignes, et la première, se précipitant aussitôt sur la cavalerie qui lui faisait face , repoussa plusieurs escadrons et se tourna ensuite vers l'infanterie pour enfoncer la ligne de bataille ; mais, de son côté, la cavalerie de l'aile gauche des alliés, se rassemblant promptement, tomba sur celle des Français, et le général Tschernischef exécutant une attaque de flanc, elle fut de nouveau repoussée.

Derrière ces lignes de cavalerie, Napoléon fit placer, sous les ordres du général Drouot, une batterie de 15 pièces de gros calibre ; et voyant le bon effet qu'elle produisait, il en fit porter le nombre jusqu'à 50. Aussitôt que la cavalerie des alliés fut à la poursuite de celle de l'ennemi , cette batterie commença son feu , et l'artillerie de l'aile gauche des alliés, manquant de munitions, et ne pouvant lui répondre, resta exposée ainsi que les autres troupes à un feu meurtrier.

Ce fut alors que le général de Wrede ordonna à son armée de se retirer sur la rive gauche de la Kinzig. La retraite eut lieu par l'aile gauche et par rang de bataille. La ville de Hanau resta seule occupée par la brigade de grenadiers autrichiens du général Diemar. L'armée prit position dans les environs, derrière le Lehrhof et la route d'Aschaffenbourg , ayant cette ville en face. L'aile gauche passa la Kinzig sur un pont de la ville, et le centre de l'aile droite sur le pont de Lamboy.

Ce passage ne s'opéra pas sans un grand désordre, et beaucoup de soldats disparurent sous les flots. Un bataillon du régiment d'infanterie autrichienne, Iordis, et quelques centaines de Bavarois, ayant été poussés par la cavalerie ennemie vers le moulin dit Herrenmuhle, se dirigèrent de ce point vers les retranchements de Hanau où plusieurs d'entre eux trouvèrent la mort. La cavalerie protégea cette retraite, aussi honorable pour les chefs que pour les soldats.

31 OCTOBRE.

La moitié de la nuit seulement fut calme, et une grande partie de l'armée française marcha à la hâte sur Francfort. Mais tout à coup , vers les deux heures du matin , l'autre partie , dans l'intention sans doute de couvrir la retraite et d'occuper l'armée austro-bavaroise, commença à bombarder Hanau, et bientôt les maisons de la ville situées près du pont de la Kinzig devinrent la proie des flammes. L'ennemi attaqua en même temps les troupes qui défendaient le pont de Lamboy ; les braves grenadiers autrichiens repoussèrent plusieurs fois ses attaques ; mais pour arracher la ville à une entière destruction , la brigade autrichienne Diemar reçut ordre de l'évacuer, et les Français l'occupèrent à 8 heures du matin.

Déjà, le matin , l'armée alliée avait, par la route d'Aschaffenbourg, pris position de manière que son aile gauche fût placée non loin de la ville de Hanau, et son aile droite près le pont de Lamboy. Ce fut là que le quatrième corps français (Bertrand) attaqua l'aile droite des alliés avec tant d'énergie qu'elle fut rejetée sur les rives du Mein. Mais des renforts étant arrivés à temps sur le point menacé, l'ennemi fut attaqué à son tour, et on reprit tout le terrain perdu. Les régiments autrichiens Jordis et archiduc Rodolphe se distinguèrent dans cette circonstance. Au dehors des portes d'Aschaffenbourg et de Steinheim, la cavalerie engagea aussi quelques combats. Les Français prirent plusieurs fois l'offensive, mais toujours sans succès. Des deux côtés la perte fut considérable, et le feu d'artillerie dura long-temps.

Vers quatre heures de l'après-midi, le général de Wrede, fatigué de ces attaques réitérées, ordonna enfin à ses troupes de se porter en avant, d'emporter d'assaut la ville de Hanau et de rendre par là le combat décisif. Lui-même se met à la tête de 6 bataillons autrichiens, et leur donne ainsi l'exemple de la plus grande bravoure et du plus grand dévouement. Bientôt la porte de Nuremberg est emportée d'assaut : le général, à la tête d'un bataillon de grenadiers et au milieu d'un feu terrible, saute le premier dans le fossé, escalade le rempart, et un bataillon du régiment (archiduc Rodolphe) ouvre le pont-levis barricadé de la porte de Nuremberg. Soudain, toute l'infanterie y pénètre ; le régiment de hussards Sczekler, se précipitant au galop à travers la ville, la balaye, et les troupes le suivent en colonnes serrées vers le pont de la Kinzig. A l'issue du faubourg, on se battit encore avec un acharnement incroyable.

Le pont était resté occupé par l'ennemi, qui s'était formé au-delà, en nombreuses colonnes serrées, et lançait sans cesse des grenades et des bombes sur les alliés. Le général de Wrede, toujours à la tête des troupes, les conduisit sur le pont ; mais à peine en eut-il atteint le milieu, qu'il fut grièvement blessé. Les Français se défendaient avec une grande opiniâtreté ; le pont était couvert de morts ; enfin, on l'emporta à la baïonnette.

Alors le général autrichien Fresnel prit le commandement en chef; il fit passer la Kinzig à la nage à des hussards autrichiens qui sabrèrent l'ennemi et le forcèrent à la fuite ; cependant celui-ci, étant déjà parvenu à mettre le feu à la partie du pont construite en bois, empêcha par là notre infanterie de le poursuivre. Néanmoins, dès qu'on fut maître de la ville, l'aile droite de l'armée alliée s'avança et repoussa les Français par le pont de Lamboy.

L'empereur Napoléon, qui avait campé pendant la nuit du 30 au 31 octobre dans les bois de Lamboy, se mit en route à 11 heures du matin avec sa garde. Ces troupes ne passèrent pas à Hanau, mais elles prirent des chemins détournés par Wilhemsbad et Hochstadt, de manière qu'elles ne rejoignirent la grande route qu'aux environs de Mainnankers. L'arrière-garde française, sous les ordres du maréchal Mortier, forte de 14,000 hommes, campa dans la nuit du 30 près de Gellenhausen et se porta de là, dans la journée, sur Hanau. Pendant sa marche, elle fut attaquée par les généraux Platow et Orlof qui lui firent 3,000 prisonniers, outre une perte assez considérable en morts et blessés.

Le général Rechberg envoya des détachements de cavalerie sur les routes de Hanau et de Hochst ; le major Karwinsky, du cinquième régiment de chevau-légers bavarois, qui commandait l'avant-garde de la première division, ayant reçu avis que l'ennemi se disposait à détruire plusieurs ponts sur la Nidda, fit promptement avancer de la cavalerie qui tomba à Rodelheim sur l'arrière-garde française compo-

sée de deux escadrons de chasseurs de la garde, et la repoussa vivement.

La tête de l'armée française entra dans la journée, à onze
heures du matin, à Francfort. Sa cavalerie légère et ses chasseurs occupèrent aussitôt les avenues du pont du Mein.
Mais la première division bavaroise, qui s'était retirée jusqu'à
Sachsenhausen sur la rive gauche du Mein, et en avait en
partie démoli le pont, voulut disputer le passage à l'ennemi
en l'accablant du feu de son artillerie.

Dans cette intention, le général Reichberg chargea le colonel Théobald de défendre avec la première brigade le pont
et tout le côté de Sachsenhausen ; cette défense fut exécutée
avec tant d'intelligence, que les avant-postes de l'ennemi furent repoussés avec une perte considérable. Celui-ci fit
alors avancer son artillerie et canonna vigoureusement le
pont, les moulins qui l'avoisinent, les batteries bavaroises,
Sachsenhausen; et, indépendamment de cela, ses tirailleurs
firent encore, des maisons à proximité, une fusillade rou-
lante.

Du côté des Bavarois, le feu ne fut pas moins vif.

Vers le soir, les Français tentèrent de nouveau d'emporter le pont avec un détachement d'infanterie; mais un feu
de mousqueterie bien nourri accueillit les assaillants, et les
Bavarois, les attaquant en outre à la baïonnette, les repoussèrent jusque dans la ville. La nuit fit cesser le combat.

Telle fut l'issue de la bataille de Hanau. Cette sanglante
affaire doit avoir coûté aux Français au moins 15,000 hommes en tués, blessés et prisonniers. La perte de l'armée austro-bavaroise s'élevait à 9,237 hommes.

La marche rapide du général de Wrede de Braunau vers
le Mein est un témoignage irrécusable de son zèle à remplir son devoir, comme de son dévouement à la cause

commune. On a pu apprécier également cet esprit vif et
entreprenant qui l'avait déjà fait remarquer dans ses pre-
mières armes. Mais pourquoi ce général avait-il tant à cœur
la prise de la place de Wurzbourg? Elle ne devenait cependant, vu sa faible garnison de 2,000 hommes hors d'état de
nuire, qu'une chose accessoire, et elle faisait perdre à l'armée austro-bavaroise trois jours d'un temps précieux, pendant lesquels on eût pu obtenir des résultats d'une bien
plus haute importance. En effet, cinq bataillons eussent été
suffisants pour cerner la ville, et l'armée devait marcher le
24 d'Offenheim jusqu'à Grünfeld, se porter le 25 à Aschaffenbourg, et arriver le 26 à Gellenhausen pour y occuper le
défilé de Wertheim. Ce défilé est situé entre Schlüchtern et
Gellenhausen; il est formé par la Kinzig qui coule au milieu
dans une vallée profonde et bordée de montagnes escarpées
qui se rapprochent ou se séparent alternativement La nature semblait indiquer cette position pour l'entière destruction de l'armée française ; car si on eût amené sur ce point
toute l'artillerie, et si l'armée se fût placée sur les hauteurs
qui forment la vallée, nul doute que l'ennemi serait resté
sans aucune issue. Il est bien entendu que l'armée de Bohême l'aurait poursuivi sur la grande route, et si on eût de
plus employé les trois jours passés sous Wurzbourg à ajouter sur ce point les obstacles de l'art à ceux de la nature ;
car, conjointement avec l'armée de Bohême, le temps eût
suffi pour ces travaux. Qu'on juge des grands résultats
qu'on aurait obtenus!

Cependant, le 29 octobre, jour où la brigade autrichienne
du général Volkmann s'était avancée d'Aschaffenbourg à
travers la forêt d'Altenhausen, et portée par Hayler jusqu'à
Gellenhausen, il eût été peut-être encore temps d'entreprendre cette marche décisive avec l'armée austro-bava-

roise, et de la faire exécuter par la brigade autrichienne, qui, quoique faible et se trouvant dans une position peu avantageuse, eût néanmoins retardé de plusieurs heures la marche de l'armée française.

Maintenant, que le général de Wrede se soit, devant Hanau, opposé directement et en ligne de front à l'armée française infiniment supérieure en nombre, c'eût été sans doute un trait de valeur et de hardiesse ; mais le général n'aurait pu empêcher la retraite des Français ; et, d'après tous les rapports autrichiens et bavarois, on avait prévu ce cas : il paraîtrait même que les troupes avaient déjà éprouvé de grandes pertes sans avoir atteint un but quelconque.

L'armée austro-bavaroise n'aurait-elle pas dû également s'arrêter de suite sur la rive gauche de la Kinzig, et y amener toute son artillerie? Et si sa cavalerie se fût cachée dans la forêt de Bruchkob, qu'elle fût tombée à l'improviste sur celle de l'ennemi ; si celui-ci eût été poursuivi sur la grande route par un feu roulant, et qu'il eût été forcé encore de passer devant Hanau sous un feu meurtrier, il eût certainement essuyé une perte aussi considérable que celle qu'on lui a fait éprouver; mais la perte de l'armée austro-bavaroise eût été bien moins forte.

Il est vrai que le général de Wrede devait croire avec raison que l'ennemi était vivement poursuivi du côté de Schluchtern par l'armée de Bohème, et il devait s'attendre aussi que les Français, se trouvant entre deux feux, arrive-raient en grand désordre devant sa ligne de front, et qu'il n'aurait pas eu, comme cela est arrivé, à batailler pendant deux jours, jusqu'à ce que le corps des partisans du général Platow, fort seulement de 1,200 chevaux, eût poursuivi leur arrière-garde.

L'armée austro-bavaroise a combattu avec un courage

héroïque ; mais l'élite de l'armée française ne lui a certainement pas cédé en valeur, et se voyant si près de la patrie, elle a compris qu'il ne s'agissait plus que de se tracer des chemins pour y arriver.

Cependant le général en chef de Wrede n'aurait pas dû s'exposer en personne comme il l'a fait. Emporté par l'impétuosité de son caractère, il se trouvait toujours le premier dans les postes les plus périlleux, et on le vit même souvent combattre comme un simple soldat. Bien que cette conduite soit digne d'admiration, elle n'est cependant pas celle qui convient à un général en chef, à qui son rang élevé impose des devoirs plus importants à remplir, et le comte de Wrede est peut-être d'autant plus à blâmer que, depuis longtemps, il n'avait plus à faire preuve dans les combats et de son énergie et de sa bravoure personnelle. Il devait à la patrie compte de ses jours ; car l'Allemagne serait bientôt en deuil de ses meilleurs généraux, si tous voulaient, comme lui, affronter toute espèce de danger.

TABLE DES MATIÈRES.

FIN DE LA TABLE.